U0125877

自动化进阶

人工智能产业化应用

〔美〕
（Bhaskar Ghosh）
巴斯卡尔·戈什　　（Rajendra Prasad）
拉金德拉·普拉萨德　　（Gayathri Pallail）
加亚特里·帕莱尔　　著

蓝澜　译

The Automation Advantage

Embrace the Future of Productivity and Improve Speed, Quality,
and Customer Experience Through AI

机械工业出版社
CHINA MACHINE PRESS

来自埃森哲的全球自动化领域的专家在本书中解析了如何在企业中使用和扩展人工智能驱动的智能自动化，使企业通过更快的上市速度、更高的效率和产品质量，获得更多的竞争优势及更好的客户反馈。本书内容实用且易于实施，通过多个成功案例，回答了企业领导者迫切需要解决的问题，例如如何识别自动化机会并确定其优先级，如何评估遗留系统和数据问题，如何从技术投资和自动化工作中获得全部价值，如何激励员工接受变革和自动化带来的新机遇，等等。本书旨在通过为人工智能和自动化提供一种以人为本的方法，来帮助企业实现可持续转型和优秀的业绩。

Bhaskar Ghosh, Rajendra Prasad, Gayathri Pallail

The Automation Advantage：Embrace the Future of Productivity and Improve Speed, Quality, and Customer Experience Through Al

978 - 1 - 260 - 47329 - 2

Copyright © 2022 by McGraw-Hill Education.

All Rights reserved. No part of this publication may be reproduced or transmitted in any form or by any means, electronic or mechanical, including without limitation photocopying, recording, taping, or any database, information or retrieval system, without the prior written permission of the publisher.

This authorized Chinese translation edition is published by China Machine Press in arrangement with McGraw-Hill Education (Singapore) Pte. Ltd. This edition is authorized for sale in the Chinese mainland (excluding Hong Kong SAR, Macao SAR and Taiwan).

Translation Copyright © 2023 by McGraw-Hill Education (Singapore) Pte. Ltd and China Machine Press.

版权所有。未经出版人事先书面许可，对本出版物的任何部分不得以任何方式或途径复制传播，包括但不限于复印、录制、录音，或通过任何数据库、信息或可检索的系统。

此中文简体翻译版本经授权仅限在中国大陆地区（不包括香港、澳门特别行政区及台湾地区）销售。

翻译版权© 2023 由麦格劳－希尔教育（新加坡）有限公司与机械工业出版社所有。

本书封面贴有 McGraw-Hill Education 公司防伪标签，无标签者不得销售。

北京市版权局著作权合同登记号：01 - 2022 - 3922 号。

图书在版编目（CIP）数据

自动化进阶：人工智能产业化应用／（美）巴斯卡尔·戈什（Bhaskar Ghosh），（美）拉金德拉·普拉萨德（Rajendra Prasad），（美）加亚特里·帕莱尔（Gayathri Pallail）著；蓝澜译. —北京：机械工业出版社，2023.7

书名原文：The Automation Advantage：Embrace the Future of Productivity and Improve Speed, Quality, and Customer Experience Through AI

ISBN 978 - 7 - 111 - 73176 - 4

Ⅰ. ①自⋯　Ⅱ. ①巴⋯　②拉⋯　③加⋯　④蓝⋯　Ⅲ. ①人工智能-应用-企业管理　Ⅳ. ①F272.7

中国国家版本馆 CIP 数据核字（2023）第 103863 号

机械工业出版社（北京市百万庄大街22号　邮政编码100037）
策划编辑：朱鹤楼　　　　责任编辑：朱鹤楼　王　芳
责任校对：丁梦卓　张　薇　责任印制：单爱军
北京联兴盛业印刷股份有限公司印刷
2023 年 8 月第 1 版第 1 次印刷
170mm×230mm · 14.5 印张 · 1 插页 · 171 千字
标准书号：ISBN 978 - 7 - 111 - 73176 - 4
定价：79.00 元

电话服务　　　　　　　　网络服务
客服电话：010 - 88361066　　机 工 官 网：www.cmpbook.com
　　　　　010 - 88379833　　机 工 官 博：weibo.com/cmp1952
　　　　　010 - 68326294　　金 书 网：www.golden-book.com
封底无防伪标均为盗版　机工教育服务网：www.cmpedu.com

赞　誉

《自动化进阶：人工智能产业化应用》是一本关于如何利用自动化产生影响力及实现价值的实操指南，聚焦于现实世界中自动化战略的执行，是商业管理与技术人员的必读书目。

——迈克·克利萨福利（Mike Crisafulli）

康卡斯特公司软件工程高级副总裁

持续用科技创造价值实属不易，《自动化进阶：人工智能产业化应用》将其变得简单。作者使用现代化技巧提供了一个全面的图景，让思考者和实践者从中获益。

——马克·斯皮克曼（Mark Spykerman）

美源博根公司首席信息官

疫情要求公司按下接纳新技术的加速键，同时对于未来涌现出来的技术需要保持敏捷。《自动化进阶：人工智能产业化应用》一书的问世恰逢其时，为大规模采用自动化和人工智能创新举措，以及加速推动技术驱动的转型提供了一个全面的路线图。

——杜保洛（Paul Daugherty）

埃森哲技术服务全球总裁兼首席技术官

《机器与人：埃森哲论新人工智能》作者之一

这是为即将到来的自动化时代所准备的一本出色的实战手册。

——理查德·达维尼（Richard D'aveni）

达特茅斯学院塔克商学院战略学教授

《泛工业革命》作者

在任何转型中，让您的员工拥抱变革无疑都是一个挑战。《自动化进阶：人工智能产业化应用》清晰地指明了常见的误区和阻碍，以及如何通过以人为本的方法解决这些问题。这不是一本关于战略的书，而是一本关于执行的书，可以帮助您的组织采取行动、获得成功。

——安迪·纳拉潘（Andy Nallappan）

博通公司首席技术官

成功的智能自动化不限于要求企业采取正确的技术。《自动化进阶：人工智能产业化应用》一书清晰且有效地解答了这个问题：为改变组织的技术、管理、文化甚至领导风格提供了指导原则和步骤。

——查伦·李（Charlene Li）

企业家，演讲家

《纽约时报》畅销书《颠覆性思维》作者

《自动化进阶：人工智能产业化应用》的作者超越了热点炒作，深入探讨了为什么自动化是确保流程以最快的速度提供数据，从而实现业务成果的必经之路。本书将我们带入了一个令人耳目一新的旅程，阐释了企业运营领导人需要如何对待虚拟经济中的自动化和人工智能。

——菲尔·费尔希特（Phil Fersht）

HFS调研公司首席执行官兼首席分析师

《自动化进阶：人工智能产业化应用》是一本很棒的书，提供了丰富的可以在工作中实践的自动化案例，也体现了我与埃森哲的自动化专家团队就这一主题进行讨论时所涉及的所有想法。

——拉吉夫·卡卡尔（Rajiv Kakar）
Thai 联盟集团首席信息官

首席信息官需要具有远见、领导力和技术知识，才能成功推动战略落地。一个应用程序的维护无须人工干预的世界是完全可行的——一个由人工智能驱动的自我修复、自我配置系统的世界，是绝对可以实现的。《自动化进阶：人工智能产业化应用》一书从技术和人力两方面阐述了实现这一目标的战略方法。

——埃德·阿尔弗德（Ed Alford）
纽洛克公司首席技术官

我们正在向一个自主化企业的世界迈进，在这个世界里，分析、自动化和人工智能融合在一起。《自动化进阶：人工智能产业化应用》一书明确地显示了组织如何能够提高决策速度和决策精度。

——王雷（R "Ray" Wang）
星座研究公司（Constellation Research）首席执行官
《人人都想统治世界》（*Everybody Wants to Rule the World*）作者

序

疫情（Covid-19 pandemic）清晰地表明：科技是经济、政府、组织和人的生命线。科技不仅帮助我们应对迫在眉睫的挑战，保持人与人之间的联结，而且也改变了我们看待和理解世界的方式。

这本富有洞见及具有很强实操性的书关注的焦点是自动化——这一转变举足轻重。如同许多其他科技一样，随着包括应用人工智能（AI）、工业和流程机器人、服务机器人在内的智能系统的发展，自动化在过去十年取得了长足的发展。如今，由于疫情的影响，自动化创新方面的进展比我们所预期得更快。

埃森哲的全球首席战略官，曾经担任埃森哲技术管理服务全球总裁的巴斯卡尔·戈什（Bhaskar Ghosh）是自动化领域的权威。我与他共事多年，他的远见卓识和建议已经帮助数不清的公司完成了它们的数字化转型之旅。在本书中，巴斯卡尔和他的合著者——拉金德拉·普拉萨德（Rajendra Prasad）和加亚特里·帕莱尔（Gayathri Pallail），凭借他们老道的经验阐述了自动化是如何运行的以及如何实现最佳效果的。他们拨开迷雾、消除误解，为那些希望打造自动化战略、创造新价值及实现增长的商界领袖们指点迷津，而且完全基于"以人为本"的思路。

如同其他所有技术一样，自动化应用不应该被孤立考虑，而应被放在解决人类问题的背景下予以思考。我经常对其他首席执行官说，如果有人找到你并说"我有一个自动化项目"或者"我有一个区块链的创意"，你应该直接拒绝他，甚至不应该问这个项目或创意是什么，因为所有的项目或创意都不应该是以科技为出发点的。归根结底，技术只是驱动因素，出发点应该是扩展人类的能力。

当前，我们预计可能实现的自动化率只能达到15%～20%。随着自动化应用领域的不断拓展，从在工厂制造汽车等人工干预过程到不断提升消费者体验的心理过程，我们期待看到自动化率大幅上升。通过提升速度、安全性、质量、成本效率和弹性，自动化积极助力企业实现业务增长。

识时务者为俊杰，企业纷纷在自动化方面加大投资以及增加工作岗位。但人们是否能胜任这些工作呢？刚从高中毕业的年轻人是否已经具备了基本的科技和数字化技能？很多情况下答案都是否定的。在疫情之前，我们尚未准备好满足自动化所带来的全球人才技能升级的需求，令人遗憾的是，我们现在依然没有准备好。企业有责任帮助员工重塑技能，而且特别紧迫的是企业应该与政府、教育机构和非营利组织携手，同步解决这些问题。

随着疫情对人类影响的变化，我们看到世界在一个前所未有的机遇面前苏醒过来，以负责任和可持续的方式重新进行构想和重建。不应再将自动化视为一项与人抢工作的技术，而是应该将之视为能够实现共赢的方式。通过消除单调重复的任务，自动化允许我们将人类的注意力放在最需要它的地方——创意、共情和批判性思维。本书不仅帮助我们理解自动化如何能够带来商业价值，而且帮助我们认识自动化这个科技和人类才智特有的结合体，以及它如何能够在全球经济转型中发挥作用，打造一个人人受惠的未来。

沈居丽　（Julie Sweet）
埃森哲董事长兼首席执行官

前　言

分享奏效的经验

时间是 2019 年某天，地点是一座现代写字楼里的一间装潢精美的会议室，这里是一家跨国公司的总部。我们前来拜访一个管理团队，高管们正在考虑一个复杂的商业运营问题，我们觉得这是一个向他们推荐智能自动化的良机。我们事先预测了高管们可能会提到的一些问题，也相信我们所收集的信息能够从容应对这些问题。

首先，他们可能会问："什么是智能自动化？"

我们会答复："这是自动化的一个新时代，机器可以帮助完成那些过去由人承担的工作——那些涉及数字分析、做决策，以及从决策被实施后的成效中汲取经验。"

其次，他们可能会问："为什么我们要进行这类的自动化投资呢？这真能使我们变成一个更好的公司吗？"

我们会答复："你的竞争力仍将取决于你的员工，而且你比以往任何时候更依赖他们，但你可以赋能你的员工，帮助他们提升到一个新高度。"

再次，他们可能会问："我们所处行业的其他公司已经开始朝这个方面努力了吗？它们的付出有收获吗？"

我们会答复："是的（我们已经做了调研）。"

最后，他们可能会问："考虑到我们的其他优先事项，为什么现在是合适的投资时机？"

但随着会议开始，惊讶的一方变成了我们，这些并不是高管们所问的问题。

在我们分享对他们这类业务已知痛点的想法，以及自动化可以如何助力解决这些问题的时候，高管们已经开始频频点头，而且开始引导话题了。他们已认可这是一个独一无二的机会，其实已经有一些试验性项目在组织内部推进，这些有限的、一次性的解决方案已经产生了很好的效果。因此，高管们想将自动化推向更高水平。

他们已经超越了"为什么"的问题，进入了"如何做"的问题。因为他们想大规模挖掘自动化的机会，所以他们想知道从哪里开始。如何确定最重要的商业案例？如何确定这些问题的优先级？如何评估可能会拖累他们的遗留系统和数据问题？他们还想知道，他们如何能够确保他们的员工，包括技术人员和新工具的业务用户，能够重视变革，并愿意成为其中的一部分。

这成为我们一年来体验最好的一次董事会会议室谈话，那一刻我们发现自己兴奋地讨论起那些困扰我们自身的问题。我们一直与各种领先的公司合作，它们在其智能自动化旅程中处于相同的"扩展"阶段，面临共同的风险，一些巧妙的解决方案可以被广泛借鉴。

作为一个引领着这个实践领域的技术咨询团队，我们一直在收集这些经验，并试图将其提炼为成功设计和实施自动化项目的实用指南。现在，我们将这些经验汇集为洞见，我们知道这可以真正地加速一个组织的进步。

你猜怎么着，在接下来的一个月内，我们与另外一家公司的管理团队进行了一场非常类似的对话，也是直接进入了"如何做"的问题。在此之后，我们又与另一家公司进行了一场不错的研讨。我们发现自己在重复关键信息，并对其进行提炼，厘清如何最好地组织和阐述我们在实践中不断发展的原则。最终，我们觉得我们已经覆盖了主要的板块，并就每一部分都形成了自己的观点，无论是以白皮书、博客、演讲、方法论的形式，还是演讲稿的形式。但是，我们觉得应该系统地将这些内容整合一下。我们当中有人指出"这将需要一整本书"，这就是为什么我们写了这本书。

你手里的这本书回答了那些职业经理人和领导者向我们提出的一系列棘手问题，他们希望能够快速和满怀自信地推进自动化。如果我们要设定这本书写作的整个背景，我们就必须提到另外一种迫在眉睫的压力，它也是促成因素，即 2020 年世界各国企业所面临的压力，可能我们都宁愿忘记这一劫。在我们写这本书的过程中，疫情来袭，我们自身、我们的公司和我们所有的客户，都在努力保护员工、帮助客户，力争在一场灾难性的大流行病中保持生产效率。

我们认识许多专注于智能自动化领域的学者、管理大师和分析家，并与他们合作。有时我们会羡慕他们的处境：对他们中的一些人来说，由于全球旅行禁令和居家工作的安排，他们这一年突然有了更多用来思考和写作的时间。对我们而言，这是一段客户对解决方案的需求猛增的疯狂时期，这是因为自动化比以往任何时候都更为重要，许多公司都迫切地意识到这一点。

早在 2020 年 4 月，《信息时代》（*Information Age*）就报道，HFS 调研公司对 631 家主要企业开展了调研，旨在了解它们预计疫情将给它们的战略和运营带来何种影响。其中一个问题是："您预计疫情将如何影响贵公司对于十个主要技术领域的支出？" 55%的受访企业已经表示它们在自动化方面的支出会增加，这使自动化成为继网络安全之后的第二大增长点。随着许多关键任务和工作突然间被转移到了在线平台上，这两方面显然都成了核心关切点[1]。

对我们来说，突然涌现出很多挑战——我们客户的每一个项目都是独特的，我们公司内部的项目也是如此。埃森哲立即采取了新的方式来保持生产效率，这并非咨询业的常规做法，过去的大部分时间专业人员都在客户那里，并通过现场工作来创造大部分价值。那些我们已经在自动化方面为其提供帮助的公司似乎最渴望采取加倍行动；还有一些公司寻求超自动化（即把离散的自动化任务连接起来，变成无缝的自动化流程，同时自动化分析识别出新的机会，将自动化带入新的领域）。疫情进一步激发了它们的雄心。

在我们与出版社签订合同时，我们完全没有预料到要在这种情况下完成这本书。然而，让人欣慰的是，我们得以如此深入地从现实世界的工作中捕捉和解释相关原则，这使我们更容易理解这些新的、多变的，坦率地说是令人不安的情况。

从许多方面来说，这本书是我们长期经验的结晶。我们中真正的专家是巴斯卡尔·戈什，他在职业生涯中一直是自动化的倡导者，并负责了许多开创性的解决方案。他和"拉普"（拉金德拉·普拉萨德，朋友和同事们都这么称呼他）一起合作完成了许多这类的项目，从小项目到大转型；从那时起，经常是由加亚特里·帕莱尔在一线领导。我们已经帮助许多客户通过应用智能自动化，消除在风险管理、销售策略、客户服务等方面的痛点。

随着埃森哲在这一领域的工作不断增加，我们也发现了使我们公司内部流程更加有效的方法，例如使用工作流程系统等自动化解决方案。人的因素也很关键，我们秉承着创意性、同理心和创新性来抓住内部自动化的机会，在与其他组织合作时，也将人的优势放在最优先和核心的位置。在人们必须解决复杂问题的情况下，我们相信如果有强大的自动化辅助，他们可以做得更好。

在这一过程中，我们看到我们的同事们在技术和管理两方面都取得了许多突破。事实上，在开始写这本书的时候，我们获悉埃森哲获得了第60项与智能自动化有关的专利。对我们来说，这是让我们非常引以为傲的。我们已经注意到，我们的很多发现很接近高校、创业公司以及研究和开发实验室的杰出研究人员的发现。他们所做的研究对我们而言是弥足珍贵的。与此同时，我们最大的荣幸是，我们能够在一个全球性专业咨询公司的环境中进行创新，我们与世界上最大和最复杂的公司合作。它们的经理人和领导者给我们带来很多灵感，它们渴望进行真正的创新，它们要解决的问题对企业自身的成功和整个世界都很重要。

我们在埃森哲工作，也意味着我们获益于重视发现并对其进行记录以及传播的文化。这从埃森哲经常发布的前瞻性研究报告中可见一斑，从播客到调查报告，再到高水平的战略类书籍，埃森哲以各种人们可以想象到的形式不断发布前瞻性研究报告。在这家于竞争优势方面投入巨大的公司里，文化价值观体现在为我们的客户和其他利益相关者提供有研究支持的洞见上。

但是，尽管我们以专业和技术为重点的发明获得了专利，但关键仍在于我们的客户服务团队能够将这些发明与客户的问题联系起来，这一点至关重要，即便是所涉及的客户正在处理高度战略性问题，抑或是在谈论非常宏大的概念。对我们的员工来说，他们很清楚专利工具或技术可以给客户的解决方案带来直接的贡献，而对其他人而言，这可能并非是显而易见的。本书可以让更多商界人士了解为什么快速发展的智能自动化技术对于实现商业目标如此重要，以及规模化实施需要哪些条件。

一言以蔽之，这不是一本关于战略的书，而是一本关于执行的书。我们旨在写一本真正实用的指南。因此，我们在开篇第1章提供了一些历史背景，并说明了为什么现在是投资认知技术的时候，然后就迅速进入与组织有关的内容，尤其是那些已经感觉到有巨大机会，并希望将热情转化为行动的组织。

在第2章中，我们指出了阻碍人们根据这些感觉采取行动的最常见的障碍，以此为下面的章节设立了价值导向，一切都是围绕如何克服这些障碍展开的。在第3章，我们强调了明确战略意图的必要性，对商业优先级的共识是指导所有规划和实施方面的必要的"北极星"。从战略意图自然地开始了第4章，如何从大多数组织看似无穷无尽的机会中明智地选择在哪些方面实现自动化。提示：这关系到整体能力建设和智能自动化的成熟度，以及单个解决方案的潜在利润率。

在整个过程中，我们强调从投资中获得最高价值所需要的因素，并且我们关注到了非常底层的问题和需要考虑的因素。在第5章，我们解释了如何制订实施计划、建立管理机制，并跟踪进展。在第6章中，我们进入了有关如何构建一个面向未来的自动化的技术讨论，这个讨论既可以被技术团队理解，也可以被其他职能部门的主管和总经理理解。在第7章中，我们讨论了"软因素"，所有经验丰富的领导者都了解这才是真正的"硬因素"，包括变革管理、再培训、组织文化，以及人员管理的其他因素。我们在每一章的结尾都提纲挈领地强调了一些要点建议，但我们敦促你深入挖掘那些在现实中运用这些建议的故事，以及支持其有效性的研究结果。我们的写作目标是帮助组织中最有战略眼光的中层人士，帮助那些最具战略眼光的思考者了解"可能性"的艺术，帮助那些最专注的工具制造者和技术专家将他们的工作与企业的整体实力和敏捷性联系起来。

正如你将看到的，"路线图"的隐喻和概念对整体成功至关重要。它很早就被引入，并不断得以重申。第 8 章强调，这不是一个有终点的旅程，需要不断努力来维持和扩大成果。如果没有这种努力，就会有倒退的风险。最后，第 9 章管中窥豹，让我们看到了组织在未来的旅程中可能会遇到的情况，那时它们将继续使用自动化来实现新水平的相关性、韧性和责任感。

我们希望，当您打开这本书时，相当于我们把一张有价值的路线图放到了您的手中。它呈现了我们所走过的漫长的路，我们从多年来复杂的商业挑战中、从全球疫情危机中、从帮助我们最复杂的客户将手工操作转变为自动化操作（在某些情况下是超自动化）的过程中，不断吸取经验教训。接下来是您要绘制自己的路线图了，因为您要开启贵组织的智能自动化之旅了。我们祝您一切顺利。如果我们的经验能够为您提供一些指引，我们会很高兴，我们期待从您所取得的成就中学到更多。

目　录

人工智能势在必行

几年前，意大利最主要的地区性日报之一《十九世纪报》（*Il Secolo XIX*），在其运营中引入了一种新的自动化操作形式，在一些人看来这似乎有些冒险。

作为一家为大众市场服务的大型营利性企业，《十九世纪报》的报社已经采用了多种形式的自动化。其业务的起源是史上最具影响力的自动化技术之一——印刷机，而近年来，它已借助互联网和数字技术实现了转型。事实上，长期以来《十九世纪报》一直是意大利最具前瞻性的报纸之一，在彩色印刷、整合新闻编辑室、多渠道数字化呈现和参与社交媒体方面都走在前列。

然而，这个新的自动化操作形式令一些人感到吃惊，他们认为这是激进地迈向了另一个方向。这一次被自动化的任务属于记者们智力劳动的一部分，这些受过高等教育且富有创意的记者是《十九世纪报》的核心优势所在。

如同许多报纸一样，《十九世纪报》面临着严峻的挑战，读者人数在减少，报社的收入在下降。报社的领导层明白，维持和发展忠实的读者群意味着要不断重新思考这两个问题：对于一份报纸而言，最重要的是什么？如何在现代化的、24/7/365 全年无休的新闻编辑部里履行这一点？他们意识到，需要找到新的方式来制作更具成本效益的高质量的新闻作品来提升数字流量、读者忠诚度和公司收入。

然而解决方案是什么？

一位虚拟助理可以在不影响质量的前提下提高作者和编辑的工作效率。由人工智能软件组成的虚拟助理，可协助人类发挥才能，并简化数字内容的制作过程。[1]

现在，当记者开始写一篇报道时，虚拟助理会不断检查文本，以确保数据的一致性、与其他来源的潜在联系，以及拼写和语法等。虚拟助理通过向记者提供它认为有相关性的其他内容，无论是以前的报道还是外部资源，提供了一种全新的方式帮助记者核查消息来源、理解背景，以及更重要的是，补充一些记者可能会错过的额外的内容。

《十九世纪报》编辑部的工作人员并没有感受到新的虚拟同事带来的威胁，相反，他们欢迎这种支持。六个月后，每位员工都在使用这项技术。许多《十九世纪报》的记者发现，虚拟助理不仅帮助他们节省了时间，还激发了新的灵感，虚拟助理所提供的多元角度，丰富了他们的理解，并能显示与其他已经发表或正在进行的报道之间不明显的联系。

在企业层面，虚拟助理正在将战略变为现实。更丰富、更高质量的内容提供了更多增加广告和数字订阅收入的机会。[2]《十九世纪报》的成功故事仅仅是在今天智能自动化的旗帜下出现的众多故事之一。这是一个很好的开篇案例，因为它具备自动化广泛趋势的所有基本要素。

智能自动化涉及智能机器的应用，利用那些被统称为人工智能（AI）的技术。它将人工智能应用于知识工作者所从事的工作，一个长期以来一直对自动化表示抵触的领域。它要求对自动化过程进行智能管理，以确保组织对自动化的接受度，将可用于自动化的资源部署到最具价值的机会上，并将新的解决方案整合到一个丰富的、相互连接的业务系统中。

在《十九世纪报》的案例中，将内容创作的一部分自动化，对印刷时间表、编辑任务、广告销售、版面设计，甚至是人力资源的规划等都有影响。在创建一个连贯的、结构化的计划时，所有这些因素都需要被考虑在内。

像世界上许多优秀报纸一样，《十九世纪报》会时常报道人工智能方面的进展。例如，最近的一篇报道讲述了美国公司 Affectiva 和日本公司 Empath 制作的一款用于检测人类情绪的软件。或许是在虚拟助理的帮助下，这篇文章提到了 20 世纪 60 年代一本著名的科幻小说的名字——《安卓人会梦见电绵羊吗?》(*Do Androids Dream of Electric Sheep?*)。记者在报道中指出，如果在 20 世纪 60 年代人们可以推测出计算机有能力进行无意识的认知活动，也许我们就不应该惊讶于它们进化到能够识别它们身边人尚未言说的感受。

当这个报社的记者们将目光投向智能自动化的未来时，他们在日常工作中正很大程度上实际使用着智能自动化。这是传统企业昂首迈入数字时代、重塑自我以保持繁荣的一个缩影。

自动化的新时代

自动化并不是一个非常古老的词汇：它是在 70 多年前被创造出来的，当时福特汽车公司一位名为德尔·哈德（Del Harder）的工程经理用这个词来为他的部门命名，该部门负责监督福特汽车公司用机器取代装配线工人方面日益增多的研究和试验。从本质上讲，哈德将意味着机器人或其他类型的自我操作机制的名词"automaton"，变成动词"automate"（自动化）。这个词和"技术"一词一样迅速流行开来。20世纪中叶，工作自动化成为大型工业企业的一次突破性的生产力变革。[3]

当然，工业革命早期的机器，如纺纱机、动力织布机和水车等，也代表了自动化，即使当时还没有开始使用这个词。但正是工业企业在20世纪40年代所达到的规模，将自动化变成了一门学科，以及人们不懈追求的目标。

大规模的生产设施使设计、工程的经济性和部署资本设备的吸引力得到前所未有的提升。正如福特汽车公司一样，各行业的重点是通过机器代替人力，使制造过程更快、更便宜、更安全，以及更有能力保持生产质量的稳定性。工人们一直在使用工具，但自动化意味着将工作交给工具本身。

到了世纪之交，机械已被广泛应用于工业环境中，并将以前生产货物所需的工作量减少为一小部分。自动化已经完全进入了一个新时代。

如果问20世纪世界主要经济体的转型中最宏大的故事是什么，那就是它们从以制造业为基础向以服务业为基础的转变。美国劳工统计局的数据显示，在经历了1943年的战时高点之后，美国制造业的就业率几乎持续下降。制造业就业人数占总就业人数的比例在1943年为37.9%，在2018年下降到8.5%。与此同时，服务业就业人数直线增长，先是在零售业，近几年是在医疗保健和社会援助领域。

目前（自2017年年底以来），医疗保健行业提供了美国最多的就业岗位，紧随其后的是零售业。[4] 随着这种转变的发生，人们逐渐意识到，服务经济也是由许多重复性、标准化的劳动组成的，而且自动化也能减少服务业中的人力劳动，正如其给制造业所带来的改变一样。

以银行业为例，巴克莱银行大约在 50 年前就提出了这个问题："我们能否将出纳员的大部分工作自动化？"ATM（自动柜员机）就这样诞生了。之后十年，零售商也发现了它们自己的机遇。1974 年，一家位于俄亥俄州特洛伊的杂货店创造了历史，它第一次对产品（一包箭牌果汁口香糖）进行了条形码扫描。[5]

之后关于自动化的问题方兴未艾。例如，在医疗保健行业，自动化能否使疾病诊断更快、更准确？分析整个病人群体的数万亿个数据点的能力能否带来更多基于证据的治疗？外科医生是否可以通过虚拟代理实时监测病人的生命统计数据并进行现场病理检查？医疗保健系统面临许多效率低下的问题并极度需要最佳实践，似乎实现更多自动化的时机已经成熟，但前提是这种自动化足够智能。

此外，这股自动化浪潮并不限于那些被政府统计人员指定为"服务提供商"和"制造商"的公司。在制造业公司内，因为它们已经完全实现了生产过程的自动化，所以薪资表单上排在前面的也都是知识型员工。[6] 即使在传统上被称为制造商的公司中，也有大量员工从事后台和前台工作，他们的工作主要是信息处理，人数大大超过了车间里的工人。

我们现在正处于崭新的自动化时代，很明显在计算机的辅助下，人们能更有效地完成的办公室工作，实际上可以被计算机化。在过去，自动化主要被归入手工劳动的领域，而今自动化已经进入了智力劳动的范畴。[7] 这些经理人、行政人员和专业人员以前并不缺乏工具，他们在执行以信息处理为导向的任务时，已经使用了通信工具。至少从电报和电话的时代起，他们就开始使用通信工具了，以及像打字机和加法器这样初级的信息工具。只有当这套工具演变为现代计算技术支持的工具，才能使智力工作有可能变成自动化的方式，就像许多手工劳动发生的变化那样。

从效率到卓越

提升效率是自动化项目最初令人振奋但很有限的目标。个体劳动者的工作效率可以通过运用越来越多的技术得以提高，可以用更少的时间、费用和人力来生产同样数量的商品。

在产品和劳动力市场不那么复杂的时候，这种效率对企业经济方面的直接影响在于：向客户提供更低廉的价格的能力和拓展利润空间的机会，使投资于自动化的理由一目了然。然而，很快随着市场的发展和企业的成长，自动化的另一个好处也变得显而易见：除了提高单个工人的效率外，对自动化设备的投资还能使企业更迅速地扩大规模，增强工业实力（见图 1.1）。工厂的自动化设备可以实现更严格的质量控制、更高的产量和供应链的优化。

21 世纪的经济特征之一，就是跨国公司在全球运营，企业管理者正在寻求一套不断向前发展的技术方案来支持商业价值的创造，这不仅包括提高效率，还包括能产生规模驱动的收益。

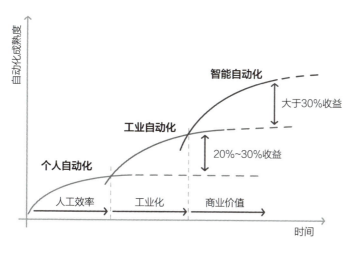

图1.1　从传统到成熟的自动化旅程

　　我们看到从工业自动化时代到智能自动化新时代的转变正在发生，在这一过程中，优先关注点从之前的削减成本转移到对客户体验、卓越业务、服务提升、创新和更明智的战略决策上。换言之，自动化正日益被视为一种提升业绩和节约成本的方式。

　　作为其中的一部分，我们看到自动化应用的投资正在快速增长，这不仅是为了提高后台的生产率，而且是为了支持与客户互动的前台工作。这并不是非要二选一的情况，大量的价值创造依然将以削减成本的形式出现，但智能自动化的出现也将带来更多具有战略意义的增长和提高服务质量的机会。越来越多的公司将超越降低成本的目标，并通过自动化来改善客户体验。企业创造价值的能力以及收入的增长，都是其在未来保持竞争力的关键所在。

　　这个通过自动化创造商业价值的新时代，将以认知型自动化技术的持续和快速发展为特征。这也将是一个提振管理者雄心的时代，激发他们从运用特定的自动化工具和解决一次性的问题，到建立广泛的自动化平台，通过整个业务的自动化来支持和加速解决问题。我们应该期待通过采用自动化会带来几何级数增长。

事实上，这一趋势在近几年尤为明显：近年来，在智能自动化方面的投资大幅增加。正如《福布斯》所报道的，一个分析机构预测，到2023年机器人流程自动化的市场将增加到120亿美元。[8]

随着越来越多的企业开启数字化转型之旅，并迅速向技术领导者学习，在信息处理工作中更多应用自动化的基础已经奠定。再加之人工智能相关技术的快速发展，商业数字化变革正在创造无限的可能，可以从能够感知、学习和行动的机器那里获得价值。

调研发现，目前有很大比例的企业已经采用了某种形式的智能自动化。许多企业将之视为一个重大的技术突破，智能自动化不仅可以改善而且可以转变它们的业务方式。那些尚未尝试这种转型的企业面临被甩到后面的巨大风险。如果它们希望保持竞争力，就要迅速采取行动。

什么是智能自动化

如前所述，自动化已经有几十年的历史了。迄今为止，它已经通过多种多样的技术被应用于各种商业功能，用来提高人机结合的性能。

是什么让自动化的应用变得智能？简而言之，这只意味着自动化解决方案依靠的是某种认知技术，例如（但不一定总是）人工智能，可以做出良好的决策或行动建议。这是一个合适的机会来强调这一点：尽管很多人认为"人工智能"和"智能自动化"这两个词是可以互换的，但它们有所不同。一个智能自动化解决方案并不总是需要自然语言处理、机器学习、神经网络或其他人工智能特征。当然，人工智能的许多应用与生产环境中的自动化任务毫无关系。当人工智能被用来获取历史数据，归纳其中的模式，并在此基础上进行预测时，这两者就有了交集。

在复杂的形式下，智能自动化解决方案可以通过拓展自己的能力来识别问题，并找出解决问题的方法。正如人类头脑中的知识和能力会不断增长，因为人类与生俱来的能力可将因果关系识别出来，并能从这种反馈中有所得。配备了人工智能的机器可以分析数据，做出决策，并观察这些决策所产生的后续结果，做出调整以尝试做得更好。每一次迭代都是为了进一步完善算法，提高自动化的智能水平。机器通过推荐及随着时间的推移，不断进行自我修正来完成学习。在某些情况下，有可能自动实现自动化——使用工具来发现更好地使用工具的机会。在大多数情况下，学习系统可以适应并改进它们的工作。

我们已经看到了智能自动化对我们日常生活的影响。奈飞公司（Netflix）基于人工智能驱动的个性化算法向观众进行推荐。运动鞋、服装和装备公司耐克，已经开发了一个系统，通过这个系统，顾客可以使用增强现实（AR）体验设计自己的鞋子，并直接穿上它们离开商店。⁹ 手术机器人在诊断像癌症这样的致命疾病的时候，展现出人工智能在医疗保健方面的影响。在众多行业中，无论是企业对企业（B2B）还是企业对消费者（B2C）行业，聊天机器人和虚拟助理都在回答与账单、财务和服务相关的常见客户服务问题。这些自动化应用的直接互动被证明是受客户欢迎的，因为它们在任何时候都能完成工作，而且速度快得多。

智能自动化有许多方式重新定义可能性，并助力从营销、客户事务到财务和会计等各项企业活动以提升业绩水平。智能工具，也被称为智能系统，正被用于通过复杂的信息处理能力支持流程优化。智能自动化或多或少地将更高形式的自动化应用于精心设计的商业流程中，以提升这些流程的表现——有时根据数量级的顺序。例如，智能自动化不仅可以通过管理可预测的流程，而且可以通过处理更复杂的决策，来极大地加快系统和交易的速度。

即使没有嵌入人工智能水平的功能，智能自动化也有能力从根本上改变传统的营商模式，这体现在运营层面以及员工和客户个人层面。智能自动化提供了不同于人类的优势（如计算速度、准确性和洞悉复杂性的能力），但关键在于对人类技能的补充。与其说智能自动化威胁到目前的工作场所，不如说它正在通过打破那些"不可能"的规则束缚，为劳动力注入活力。人和技术携手，以不同的方式做事情，以及做不同的事情。

通往成熟智能自动化的路径

除了一整套技术和具有新意的解决方案外，智能自动化还应该被视为一种组织能力。一个组织的知识、技能和其他要素的进步决定了其能从智能自动化中获取多大价值。

今天，多数公司只具备了很初步的能力，有些甚至还没有开始向智能自动化迈进。只有少数公司很早就进行了投资，并且迄今为止已投入了足够的时间和精力，来发展我们称之为"成熟"的能力。然而，像往常一样，这些先锋企业的创造性和试验性探索向其他公司展示了可能性，并在某种程度上为它们铺平了道路。

我们采用五个层次来描述组织的自动化成熟度——从最不成熟到最成熟，也反映出它们投资自动化的原因。我们注意到，随着企业提升其能力，其管理者对于他们所面临机遇的理解也在不断发生变化。图 1.2 描述了能力提升所带来的这种演变，并指出了在技术应用、团队执行及应用的复杂性方面的差异。

这并不意味着一个特定组织的发展历程必须是按照这些阶梯式步骤依次进行的，例如一家公司在经历了第一至第三级之后，才能进入第四级。特别是考虑到那些大型的、复杂的实体，运营的不同部门在投资时也会选择不同的自动化解决方案。例如，一个后台团队，可能正通过机器人流程自动化帮助员工从那些常规、耗时的任务中解脱出来，而一个前台团队正忙于建设一个数字驱动的解决方案，以将其服务提升到新的水平。

诚然，在很大程度上，模型中的五个阶段代表了一个自然的进程，即在较低级别所取得的成就为较高级别奠定了基础。例如，任何整合了人工智能的自动化解决方案都依赖足够的数据来训练、测试和持续运用工具，因此在数据方面达到一定的成熟度，是启动任何人工智能驱动相关举措的先决条件。然而，在很大程度上，这些水平的差异是由管理者的心态造成的，参与自动化项目有助于人们开阔视野，看到创造带来有意义的商业影响力的更大机会。让我们简单介绍一下这五个层次的情况。

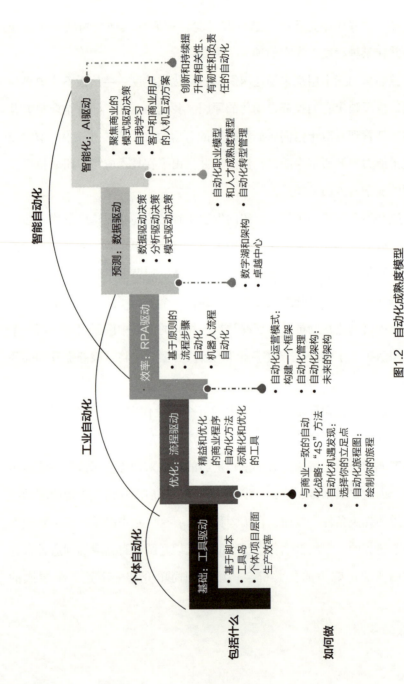

图1.2　自动化成熟度模型

工具驱动

在自动化成熟度的第一个阶段，我们看到企业对此感到很兴奋——企业对能通过令人振奋的、技术驱动的方式来解决企业长期存在的痛点，以及学习如何有效实施这类新方式解决方案感到很兴奋。关注点放在一些具体任务上，目前这些任务是如何由个人完成的，以及如何能更好地完成。

这个层次的自动化努力往往是零散的，因为试验、试点和解决方案是由同一机构内方方面面、若干具有前瞻性思维的团队开展的，他们完全独立地选择使用的工具和方法。当一种能力内核被植入企业中，其中许多解决方案将产生超过成本的收益。

然而，只要这些努力是在小范围内进行的，没有从相互学习的过程中获益，那么从自动化中获得的整体价值就会相当有限。这些早期收获会激发更多的努力，并让参与其中的人思考带来更多变革力量的更大规模的项目。在技能和心态方面，这个阶段为迈向自动化能力的新水平奠定了基础。

流程驱动

在我们所描述的处于第二阶段自动化成熟度的公司中，个体开始意识到，如果流程中其他环节的问题没有得到解决，某个点的解决方案所带来的影响十分有限。通常情况下，一个已经成功地完成了某些任务的自动化解决方案团队，往往既缺乏视角也缺乏权力来影响更广范围的流程。只有当团队的成果被其他人注意到时，企业才会有意愿在更大项目中重新审视流程。

换句话说，狭义的自动化是为了暴露整体流程的低效率。当然，有时结果会比这更糟：在不了解流程的复杂性的情况下引入自动化可能导致的问题，要比它能解决的问题更多。处于这种自动化成熟度水平的公司认识到具体任务都是整体流程的一部分，并且它们开始重新审视整个流程，往往会消除不必要的步骤。通常情况下，我们看到它们使用精益原则这类方法来简化流程。

精益流程改进方法要求系统地消除那些给企业带来很小价值或者没有价值的行动。它关注于减少花在不能带来增值的活动上的时间，并在第一时间提供精准的产品和服务。这是一种以客户为中心的方法，不断评估产品和服务是否以企业客户期望的质量、成本和速度交付。当应用于一个商业流程时，它可以改变客户体验。精益管理理念与六西格玛的质量管理方法，以及变革管理的领先实践一脉相承。这些理念的结合给企业提供了广泛的工具来衡量、分析和改进流程。[10]

以银行业为例，流程驱动的自动化尝试已经给客户体验带来了改变。基于堆积如山的纸张做交易和客户需要亲自到银行所在地办理业务的日子已经一去不复返了。如今，多数银行的客户都可以在任何地点办理银行业务。客户可以通过银行应用程序存款、做资金交易、停止支票支付、申请信用卡，以及进行如远程查看他们的账户余额以及信用卡明细等许多其他活动。

RPA 驱动

我们认为位于自动化成熟度第三阶段的公司是那些广泛发挥机器人

流程自动化（Robotic Process Automation，RPA）作用的公司。它们聚焦于可以快速实现自动化的重复性任务，可以在短期内获益，但它们也正在建立基础设施和学习流程，从而允许一个项目从另一个项目那里学到经验和教训，并培养出高于单一项目水平的能力。

RPA 是一个供应商提供的工具包，可以帮助机构内的各团队以经济可行的成本，实现那些与信息系统对接的重复性任务的自动化。尽管事实上，团队对将这些工作自动化的意愿并没有上升为其内部 IT 部门的优先事项。所涉及的机器人其实是可以容易地被教会执行一连串步骤的简单软件程序的，过去这些步骤通常是由一个办公室工作人员通过访问、合并、处理和/或分享信息完成的。将这些常规性工作交给机器来做，不仅可以更快、更准确地完成这些工作，而且其真正价值在于将人们从这些令人头疼的工作中解放出来。

RPA 将重复性的、基于规则的流程自动化，这些流程是可预测并涉及大量结构化数据的。它模拟并整合了人类与数字系统的交互行为，以执行一个商业流程。使用 RPA 工具，一个公司可以配置软件，使其像机器人一样自主地行动，筛选并授意程序来处理交易、操作数据、触发响应，以及与其他数字系统进行交流。RPA 的应用场景包括从简单的生成对电子邮件的自动响应到部署数以千计的机器人，每个机器人都按程序开展自动化工作，作为企业资源规划（ERP）系统的一部分。一个 RPA 软件机器人从来都不需要睡觉，而且也几乎从来都是零失误的。

也许这段简短的描述就能说明，典型的运用 RPA 解决方案的自动化流程通常有几个特点。它们是常规的、繁重的、大批量的，并且主要是基于规则的。它们有数字输入、触发器，以及少量例外，并且只需要有限的、可预测的自然语言解释。具备这些条件时，RPA 通常是可以

直接实施的，并且很快就会产生惊人的收益，看到成本降低 50%～80%
并不罕见，还会通过避免人为错误赢得更高的质量，此外，执行任务的
时间也减少了 80%～90%。

　　在许多工作场景中，RPA 驱动的自动化已经使日常生活变得更加
轻松。得益于 RPA，纸质表格现在已经实现数字化，数据输入更迅捷，
要求响应更及时，错误率极低。常见的应用包括雇员的无缝入职，通过
自动执行行政任务简化销售过程，包括以下方式，例如在计费系统中设
置客户、处理大多数信用卡申请，等等。今天的客户通过一系列接触点
和渠道从聊天和交互式语音应答，到应用程序和信息发送，与企业互
动。通过将 RPA 与渠道整合，在无须与业务代表进行现场互动的情况
下，一个机构可以帮助其客户自主完成更多工作。

　　因此，这不仅是对效率的投资，尽管效率是自动化诞生以来的主要
焦点，而且也是对效能的投资。RPA 通常会产生极为快速和可衡量的
效果。因此，一旦它在某个机构的某个领域被采纳，就会迅速推广到其
他领域。因此，一家公司中典型的自动化之旅的关键一步，是管理层意
识到应该为一些工作建立一个组织中心，建立相关知识储备体系，可以
使新项目免于完全从零起步。这个阶段为组织的高成熟度之旅奠定基
础。它建立并巩固了一套管理行动，这是追求更深层次数字驱动和智能
自动化的根本所在。

数据驱动

　　位于下一个自动化成熟度阶段的企业对数据以及如何将数据作为企
业资产加以管理表现出更大程度的关注。基于它们目前所经历的，它们

对自动化的潜力感到激动，因为自动化可以在很多方面增强企业的灵活度和可预期性。而且它们清楚地意识到，高质量的数据对于产生洞察和商业情报至关重要。这个阶段为实现真正由人工智能驱动的智能自动化奠定了基础，也是企业可以逐步认识到自动化优势的开端。

在埃森哲内部，我们已开始利用数据的力量来改变我们工作方式的许多方面。一个简单的例子是在采购方面，埃森哲在全球的办事处拥有超过 50 万名专业人员，每年有近 20 万份采购订单采购了大量的产品和服务。对于全球采购组织来说，这些订单平均每年花费几十亿美元，这些采购的账单是以大约 110 万张发票的形式到达，并通过应付账款功能进行支付的。

管理人员意识到，采购和付款两方面的流程均可以进一步优化，部分原因是做出购买决定的人往往不熟悉此笔采购的下游会计程序。一般来讲，这些流程远非完善，有足够的空间来提升效率和降低成本。尤其是，公司将智能自动化应用于采购申请和非采购订单发票的处理，通过使用预测性分析和自动化总账账户的推荐功能，在采购之时向买家进行推荐。今天，配备了预测性分析技术的自动化系统使买方成为更精通会计的采购者，随之而来的效果是大大简化了应付账款的流程，提高了准确性、节约了时间和成本。

大多数企业的运营环境比过去更为复杂和多变。它们需要平衡社会、客户和股东的期望，以及短期竞争优势和长期可持续发展之间的矛盾。数据驱动的自动化可以同时应对这些挑战，并帮助管理者在一段时间内取得适宜的平衡。

目前，大多数组织并非缺乏数据，而是正经历着来自交易、连接设备以及其他来源的数据泛滥问题。现在可用的算力允许多种算法在许多不同的数据源上运行。这意味着所有的数据点可以连接起来透露信息，例如，个人客户的消费模式和典型的购买行为。这种分析还可以突出某些品牌或产品类型的偏好，并能够向客户发送个性化产品报价。许多企业正在使用数据的力量，这成为使其变得越来越个性化和富有成效的一个重要方式。丰富的数据为在超个人层面与客户建立联系提供了机会，在正确的时间和地点用恰当的信息吸引他们的注意力。

数据驱动的自动化也可以产生源源不断的洞察力来推动智能技术发展，它可以推动更快速地做出更明智的决定来加速创新。但是，如果一个组织仅仅有一些高度零散或低质量的数据，那也无济于事，这种数据无法被调动起来。企业高管们需要重新构想他们组织的数据供应链和流程，以确保透明度、信任度和可获得性。如果能开发出具有所有这些特征的高质量数据，那么就能实现技术和人工智能投资回报的最大化。

AI 驱动

最终，在自动化成熟度的最高层次上，我们看到这些组织认识到它们应该而且可以规模化实施智能自动化，并在整个组织内普及。这些企业已经致力于将数据作为企业资产加以管理，并且已经看到了信息处理任务自动化的好处，它们最有可能将人工智能纳入其自动化议程。

今天，所有人都在谈论人工智能，以及它将如何永远地改变我们开展业务和生活的方式。许多人都对"第四次工业革命"的说法发表了评论，推测人工智能带来的影响将与以往技术驱动的变革一样大，甚至超越以往任何一次技术驱动的变革。无论人工智能是否会成为有史以来影响最深远的技术革命，它都会带来巨大的机会，重塑个人业务，并通过增强人类劳动者的认知能力推动其收入增长。

以保险业为例，这是一个古老且高度管制的行业。保险业仍然处于手工的、基于纸张的流程中，这些流程很长，需要人工干预。即使在今天，投保人在理赔或者签署新的保险文件时仍然可能面临耗时的文书工作和官僚作风。投保人也可能因为保单不是为他们的特殊需求量身定做的，而最终为保险支付更多的费用。在一个我们大部分日常活动都是在线上的、数字化的和便捷化的时代，保险业的客户体验并不总是令人满意的。但是今天，全球保险业都在加速转变，保险公司正在强化它们的技术能力，以便能更快、更便宜、更安全地开展业务。

在过去的几年里，保险公司在人工智能方面进行了大量投资，吸取了过去几十年处于自动化成熟度较低阶段积累的经验教训。大多数保险公司开始实施个性化工具，以更有效地在索赔管理等领域执行目标任务。然后，它们发展到了流程优化的阶段，认识到信息技术方面的进步如何简化任务及改善工作流程。接下来迎接它们的旅程是 RPA，RPA 可以将索赔经理和几乎所有其他从事常规信息处理的团队成员解放出来，将耗时的任务序列交给机器处理，他们可以腾出手来处理更多需要判断力和创造力的事务。同样，聊天机器人被引入，可以与客户直接互动，并及时地通过电话、电子邮件或网站聊天功能回应常见的要求，如索赔提交或查询等。

在许多保险公司，经过前三个层次的努力形成了一定的数据管理水平，使其拥有可以推进到数据驱动、预测性的解决方案。在索赔管理方面，包括可发现欺诈模式，以及标记潜在欺诈性索赔的自动分析，这是非常有价值的一项能力。根据联邦调查局（FBI）的数据，美国的非健康保险欺诈给该行业造成每年 400 亿美元的损失，导致普通家庭每年多支付 400 ~ 700 美元的保费。[11]

鉴于已实现了如此多的知识工作自动化，保险公司完全有能力采用人工智能驱动的解决方案，为个人客户制定更具针对性和相关性的保险政策，提供具有超强竞争力的定价。只有机器，凭借其庞大的数据存取以及不知疲倦的处理能力，才能设计出消费级产品，包括客户需要的所有保险，并且是具有价格吸引力的唯一组合。以此为标准，不仅某个保险公司的表现会有提升，整个保险业也会因为吸引更多的客户而蒸蒸日上，包括吸引一些以前认为不值得为保险掏腰包的客户。

在许多其他行业，人工智能也将把自动化带到令人兴奋的新领域，因为它不必局限于严格意义上的生搬硬套和墨守成规的工作。它可以被应用于传统上需要人类思维能力的领域，去解决含糊不清的问题，处理特殊情况和新情况，并做出判断，以平衡相互竞争的优先事项。这为通过新方式与机器合作提供了大量的新机会，人才可以从事更多有回报性的工作。

人工智能可以极大地帮助企业改善与客户互动的方式。在某些情况下，这要归功于聊天机器人。聊天机器人可以在一天中的任何时间段与客户交谈，并且可以提供个性化和可信赖的推荐，创造更有效或更具相关性的电子商务或营销体验。人工智能的决策是模型驱动的——无论是利用算法学习并挑战高度复杂的棋盘游戏，还是利用计算机视觉来理解视觉输入所表现出的高度准确性，或者能用预测模型以前所未有的方式预测未来。机器学习和深度学习是无数人工智能突破的核心所在。人工智能使机器能够通过从其成功或失败的行动中不断学习，从而持续优化其性能。

伦理问题与自动化

随着人工智能应用扩展到一些敏感度高的领域，例如人类保健，该技术将被置于更多的审查之下。

当工作由软件和机器人自主完成时，我们看到的还只是侵犯隐私、决策偏差和控制方面问题的前兆，随着自动化解决方案应用范围的扩大，我们则必须重视随之而来的对道德问题的管理。

任何一家计划在运营中更广泛地应用智能自动化，将其更深入地嵌入客户的解决方案中，并对那些影响生活的决策——从医疗诊断，到政府福利支付，再到抵押贷款审批——更负责任的公司，都必须认真考虑本书第 9 章介绍的负责任的自动化原则。

今天有太多的人工智能应用实际上是黑盒子，缺乏解释其决策背后原因的能力。随着人类和机器开展更多的合作，有效的解释将是这类合作的核心所在。人工智能的未来在于它能帮助人类与机器合作、解决复杂的问题。如同所有有效的协作一样，这需要良好的沟通、信任和理解。现在，部署人工智能不仅涉及训练它来执行一项特定的任务，而且涉及如何"提拔"它像一个企业的负责任的代表一样发挥作用。

在新书《机器与人：重新想象人工智能时代的工作》（*Human + Machine：Reimagining Work in the Age of AI*）中，作者杜保洛（Paul Daugherty）和詹姆斯·威尔逊（Jim Wilson）指出，随着人类和智能机器的合作越来越密切，工作流程变得更加流畅和具有适应性，企业可以即时改变它们或者完全重新设计它们。当我们观察周边时，我们看到所有行业都已开启人工智能之旅，而且步伐越来越快。这种快速、广泛采用人工智能的结果是智能自动化不再是一种选择，而是强制性的。问题是一个组织是否有能力在其运作的所有方面都运用人工智能，并都能获得收益。

为时装设计师的想象力插上翅膀

一家全球发展速度最快的时尚公司构建了一个人工智能应用程序，该应用程序能够将公司产品分解为不同的元素，然后将这些元素重新组合，用于建议和设计更顺应流行趋势的新概念。

这为设计师的想象力插上了翅膀，将设计师的创造性艺术与追踪流行趋势的科学相结合。具体来说，开发团队使用人工智能技术在以下几方面为设计师提供帮助：

- **分析服装属性以及了解市场趋势。** 人工智能应用程序经过训练可以识别服装关键元素，它还可以从销售和利润数据中预测消费者的未来趋势。
- **通过重新组合现有流行服装的概念，来创造新的潮流服装的设计。** 该算法吸纳了最流行款式的属性，并利用深度神经系统等增强人工智能技术，生成了新的设计。
- **用各种颜色创建数字变体。** 人工智能算法使用风格转换方法生成不同颜色的变体。
- **通过应用趋势模式创建数字变体。** 趋势模式使用趋势预测算法，并通过训练有素的人工智能模型将其转移到服装上。

同样的理念可以跨行业应用，预计将会应用在酒店、家居、广告、时尚等领域。

本章要点

- 智能自动化是自动化的一种形式，它为以信息为基础的工作带来更高效率，不仅提升了成本效率，而且提升了客户体验并带来营业额增长。

- 每家公司目前都处于智能自动化成熟度的某个阶段，有些公司正在将智能自动化能力变成核心竞争力，并将其应用于整体业务。

- 不同于过去对自动化的投资，当下对自动化的投资必须是"以人为本"的，发挥人的优势，并由技能、经验、组织和文化投资所支持。

第 2 章

做好克服障碍的准备

在多数大型组织中，关于在智能自动化方面增加投资的讨论很容易进行。

应用智能自动化可以使很多领域实现更高的绩效水平，跨越部门、地域和行动。与我们交谈的经理人看到了在各个商业层面使用智能自动化的可能性，从简化应付账款，到个性化的客户服务，再到确定收购机会。根据埃森哲的一项最新调研，84％的企业高管表示，他们的组织将需要在其业务中应用人工智能，以实现其增长目标。[1]

在这种情况下，为什么智能自动化的普及性没有超越当前的情况？是什么让企业踯躅不前？同一调研中，超过3/4的受访者表示，在推广自动化和人工智能应用方面存在阻力。有76％的受访者承认，在整个业务领域推广智能自动化方面遇到过很多阻力。对一些人来说，组织结构阻碍了他们的发展。[2] 而对另一些人来说，最大的挑战在于数据，还有一些人提到员工不愿意采用新工具。与其他有机会实现巨大飞跃的科技一样，智能自动化也面临一些绊脚石。

长期以来，在谈论任何实质性变革举措必须要考虑的主要因素时，管理者们习惯于从以下几个简明扼要的方面着手思考——人员、流程、技术和战略，这同样适用于研究智能自动化应用过程中最常出现的挑战。本章将从这几个方面着手，来探讨一些组织在推动实现智能自动化之旅中面临的最大障碍。然而，这也暴露了一些"伪阻力"，即那些不应该阻碍成功的误解和知识差距。这些都是有关智能自动化的迷思（荒诞的说法），会导致犹豫不决、错误起步或者故步自封。它们以某种方式存在，并成为最需要消除的障碍。

障碍 1：人才和技能的短缺

任何一家有计划在智能自动化领域进行有意义投资的企业，都需要多样化的人才和重新匹配员工来支持和扩展这项计划。在一项又一项的调研中，企业经理人们指出劳动力问题是他们最大的障碍：拥有智能自动化技能的人才供不应求，因此很难找到合适的人员而且雇佣成本很高。[3]

从保险业到教育业，从 IT 到人力资源的各个职能领域，招聘经理在寻找开发人员、业务分析师、项目经理时，都更为重视智能自动化的技能组合，这也推动工资水涨船高。以顶级人工智能研究员的极端情况为例，微软内部的副总裁彼得·李（Peter Lee）曾经说过，招揽这种水平的人才就像在国家橄榄球联盟中获得一个明星四分卫一样具有挑战性和昂贵。[4]

除这种"平流层"外，企业往往特别愿意为人才付费，但它们却很难找到需要的人才。在 O'Reilly 公司的 2021 年人工智能应用调研中，受访者提到缺乏技术人才和招聘困难是人工智能应用的头号瓶颈，人才缺口进一步加大。[5]

尽管人工智能人才短缺现实存在，但在企业内部进行再培训以发展人工智能技能的意愿似乎并不像实际所需要的那样强烈。埃森哲2018年的一项调研显示，在1200位受访首席执行官和高管中，尽管有接近一半受访者认为技能短缺是一项关键的劳动力挑战，但只有3%的人说他们的组织计划在未来三年内大幅增加对培训项目的投资。[6]

我们谈论的技能是什么类型的？组织既需要开发人工智能和自动化解决方案的技能，也需要有效使用它们的技能。显然，对从事设计、执行和推广智能自动化解决方案的各种各样的人才都有需求。自动化工程师所需的关键能力包括自动化分析、编程、软件开发、数据分析、数据可视化、信息安全，以及这一切所基于的组织在道德规范方面的基石。此外，组织还需要相关先进技术的专业知识，如机器人流程自动化、语音识别、自然语言处理、机器学习以及其他形式的人工智能。

此外，在团队层面上，除了相关的技能之外，如何将合适的人才组合在一起可能是一个难题。团队从一开始就应该是跨学科的，将工业、商业、设计和管理技能在一定程度上相结合。有些领域的知识可能看起来属于"锦上添花"的，但它们在打造组织自动化优势方面发挥着关键作用。

与此同时，在智能自动化工具的接收端，也可能存在着需要解决的关键知识和技能缺陷。不可避免地，自动化会影响工作结构，因为它能识别出机器可以处理的工作，以及人类不必从事的乏味任务。特别是对于拥有中低技能水平的工人来说，工作内容面临重新设计，他们可能需要提升技能。

在某些情况下，工作内容将发生变化，甚至典型的教育和培训的做法将无法满足需求。所有实现自动化的组织都应该考虑这个问题，如何提升在工作中应用这些新工具的员工的能力，以使他们能够有效地使用这些新工具，并通过新的方式利用置换出来的时间以实现增值。复杂自动化的成功实施需要人们适应新的工作方式。

障碍 2：组织障碍

如果技能缺口是智能自动化面临的人才困境之一，那么另一个困境则是由组织文化挑战带来的，这些挑战会升级并阻碍组织的发展。通常情况下，智能自动化举措会因长期形成的习惯、态度和臆断而碰钉子，使变革难以发生：不管是由于故意的违抗还是单纯的冷漠，或者只是因为每个人都疲于完成今天的工作量，而无法抽出精力去用不同的方式做一些事情。

低文化灵活性

埃维诺（Avanade）最近开展了一项关于人工智能成熟度的调研，80%的受访者同意，企业文化和变革是人工智能成败的关键。[7]

从某种意义上说，来自变革的阻碍比任何技能短缺的阻碍都要大。即使缺乏正式的指导，想要拥抱新工作方式的人通常也会迅速学习任何需要的新方法。反之，那些对变革提议缺乏任何热情的人，即使有最好的教学方法也还是不为所动。

正如下一节所讨论的，当工人感受到来自新技术的直接威胁时，抵制是必然的。其他时候，他们缺乏热情反映出对于做出改变持怀疑态度，他们还感到宝贵的时间被浪费在一个将会一无所获的试验上。也许更为常见的是，抵制源于单纯的惰性。人们已经学会了以某种方式来完成事情，并且在他们看来，这个过程已经足够好了。

正如第 7 章所讨论的，变革的阻碍并不总是以有意识回避的形式出现——这不应该被看作是不可逾越的，本章讨论的所有障碍都不是不可逾越的。但就像所有其他障碍一样，如果变革的阻碍没有被认识到并被作为一个障碍来应对的话，一个人工智能的创意可能就会被破坏掉。就像技能缺口的情况一样，变革阻碍的存在必须得到承认，并有意识地加以解决。

对于破坏工作的担忧

可以肯定的是，在智能自动化对未来的工作意味着什么的问题上，即使人们对此不直接表达恐惧，在今天的工作场所中也有很多质疑。已有很多文章阐述了人工智能和自动化的崛起将如何摧毁某些类别的工作，甚至让受过高等教育的知识工作者也没有升迁的机会。根据 CIO Insight 的调研，对于组织应用智能自动化的前景，60% 的受访者认为后果是员工们将失去工作。同一调研发现 72% 的高管层受访者表示，对于先进技术的采纳受到了员工的抵制或准备不足的限制，不足为奇。[8]

的确，智能自动化有可能严重影响劳动力市场，而且这已经发生了，一些传统的工作正在被淘汰。然而，认为智能自动化将劳动力从人类直接向机器转移，则是一种过度简化。并没有什么事实证据表明，越来越多的自动化将导致大规模失业或大范围的劳动力冗余。事实上，更有可能的是，效率的提高和浪费的减少，会进一步提升经济的生产效率，为工人提供从事价值创造和高回报的、更具吸引力的工作选择。

雇主们普遍将认知技术视为一种提升员工价值优势的手段，并使他们的员工能够更安全、更有创意、更有同情心地工作。这为企业提供了机会，使其能够发挥员工的才能来开展更具战略性和转型性的项目。成功的企业总是将它们的自动化转型计划与业务转型日程保持一致，齐头并进，从而加速价值创造。

障碍 3：不达标的流程和过时的政策

智能自动化工作中，流程问题可能以两种基本形式出现。第一种，要进行自动化的流程和政策可能是次优的、定义不准确和执行不力的，或者与其他业务流程之间的相互联系没有被很好地理解。第二种，自动化团队本身使用的项目管理流程可能是有缺陷的。

次优的工作流程

很多团队在着手看似简单的自动化项目时，都会意外地发现面临第一种问题。当他们着手确定工作流程中哪些部分可以从人移交给机器的时候，他们会详尽地列出所有的步骤。这时他们会发现，某个流程在开始时并没有设计好。它可能在过去的某个时间点被优化过，但在条件发生变化或新技术引入时并没有被重新审视。更有可能的是，这一流程从未被优化过，而只是人们尝试过的一种做事方式，这种做事方式令人满意，从而被作为标准操作流程。人们继续遵循这些步骤，也许再加上一些变通方法和特例管理，已取得了足够好的结果，但这远不是实现其目标的最有效或万无一失的流程。

资深管理者都知道这个历经时间考验的原则：不要试图将一个糟糕的流程自动化，否则你只会在错误的路上越走越远。有时候，最好从一张白纸开始，并根据当前的实际情况重新设计流程。

比方说，一些长期建立的流程需要三次审批。这真的有必要吗？还是两次审批就足够了？有时，从客户的角度，而不是从流程设计者的角度来看待一个流程是很有帮助的。它们是否比实际所需更费时或更复杂？是否可以将一些步骤合并起来以简化流程，并改善客户体验？

如果一个组织能够在实现部分操作的自动化之前，及时停下来调整方向，那么流程就不会成为智能自动化成功的障碍。

过时的政策

有时，自动化解决方案遇到的最严峻的难题是团队从未考虑过的，因为它不在创造性解决问题的严格范畴内：在实施新方法的重要部分时杀出的拦路虎——企业政策或者一系列政策问题。

经验丰富的自动化团队领导者知道，他们的项目计划必须明确包括需及时审评与解决方案设计相关的企业政策。他们了解并预计到要预留时间和精力用于修改与项目相冲突的政策。通常情况下，这并不像听起来那么困难，因为许多政策很容易被证明是过时的，或者是为解决旧问题而设计的，或不再适用。然而许多法律、财务和人力资源政策都是出于良好初衷而制定的，并且仍然是不可动摇的。尽早着手处理或在早期根据这些现实情况进行调整，对自动化团队的成功至关重要。

定义不准确和执行不力的流程

如果自动化路径是不透明的，试图将一个基本流程自动化就会遇到复杂情况。这种情况是指一个流程基本上是健全的，但是没有什么准确的相关文件。如果不知道所有的步骤，包括构成流程的任务、顺序以及其他方面，自动化工作就很难进行下去。当我们思考这个问题时，我们突然意识到，这就是智能自动化在 IT、运营、生产和金融的某些领域迅速发展起来的原因，这遵循人们熟知的容易映射的自动化序列。

以 IT 流程的密码管理或服务请求的记录为例，它们的步骤是清晰的，同样的道理也适用于运营中的维护调度，或典型的财务部门中发票和应付账款所涉及的任务。与这些明确规定的流程相比，许多其他业务流程具有更高的模糊性和多变性。在它们能够被适当地自动化前，需要被很好地定义和理解。

令人困惑的相关性

同样地，一个企业中的各种流程以复杂的方式相互作用，这一事实也是智能自动化的一个障碍。很少有流程是孤立存在以至于可以被分割出来的，用新技术进行大幅度的调整后，企业仍期望这一流程能与上游和下游的流程实现无缝对接。希望将自动化应用到自己团队工作中的管理人员，可能需要与其他并不想做出改变的流程所有者协商。

即使一个流程能通过自身的重新设计而提高效率，但其他流程保持原样也可能影响该流程，使其无法产生太大影响。考虑一下，一家保险公司应用智能自动化加速起草个人客户保单的工作，如果独立的客户批准流程没有被同样提速的话，这可能不会对客户体验产生任何影响。

自动化过程本身

所有这些阻碍都与流程作为自动化目标的过程有关，但重要的是要注意到工作自动化本身就是一个过程，或多或少地可以被规划和管理好。当涉及企业如何开发和推出其智能自动化解决方案时，多数企业会在某种程度上被过时的自动化项目管理流程所束缚。当然，这也是本书的一个主要议题，是我和我的同事们帮助客户克服的一个主要阻碍。第4章会重新讲到这个议题。

障碍4：一个在旧时代建立的技术环境

技术障碍似乎是一个组织在智能自动化方面最不需要担心的问题。随着机器学习和其他人工智能工具迅速发展、传感器激增、计算能力稳步增长，在全球经济的几乎每一个部门，新的硬件和软件工具都在实际应用中找到了用武之地。供应商已经提供了大量且日益增多的解决方案，其中许多正在产生令人印象深刻的结果。然而，大多数企业在试图利用这些技术时遇到了阻碍。这些阻碍表现为传统的架构、不充分的数据和现成的解决方案（并不像供应商所认为的那样，是一套可以马上投入使用的解决方案）。

遗留架构

首先，在遗留系统基础上进行创新是一个巨大的挑战。典型组织的 IT 堆栈，包括软件应用程序、数据、硬件、电信设施和数据中心等，它们都是较早时期建立的，当时奠定这些基础的人没有预见到一个以云为导向的世界，包括分析、传感器、移动计算、人工智能、物联网，以及数十亿、数百亿的设备。这就是我们今天的世界——我们应该充分期待新一波的颠覆性变革，将今天的世界重塑为另一个不同的世界。

当一个传统架构使我们很难引入新的应用程序或对建立在旧基础上的应用程序进行改进时，这个传统架构就构成了阻碍。值得注意的是，大多数企业的架构不仅是建立在不同的技术基础之上的，它们还建立在一个假设之上，即它们所支持的功能是稳定和持久的。然而，新应用的不断引入正是今天大多数企业面临的现实。

每个新的应用程序都提出了同样的问题：被引入的应用程序与该架构上的其他应用程序之间存在哪些依赖关系？在开始认真地设想一个新的解决方案之前，可能有 25 个其他应用程序必须被考虑到。举例来说，一个在线零售商觉察到一种新的支付方式，并希望将其提供给客户，这也许是由于一个新的热门移动应用程序正受到越来越多的欢迎，如果零售商不能将这种新的支付方式纳入其订购流程，那么它就有可能失去销售额。为了在传统架构上增加新的支付选项，零售商必须首先评估这在该架构的其他地方会产生什么影响。

这不是一个新的问题：遗留系统所存在的阻碍表明，考虑新的值得采取的解决方案有很高的门槛。每当企业增加新的应用程序时，情况就会变得更糟。每一代的新增应用程序都会带来更高的复杂性，因为旧的互联关系被破坏，新的互联关系被创造出来。

迄今为止，传统的 IT 堆栈已经达到了实际极限状态，除非企业花大力气重新定义其业务和 IT 架构，否则在试图整合先进的人工智能工具的过程中将不得不清除这些障碍。事实上，鉴于人工智能的革命性潜力，新的架构应该以人工智能为中心，每层架构都应该以支持人工智能为首要任务的方式来构建。

随着我们进入 20 世纪 20 年代，许多企业的 IT 高管会将他们面临的障碍描述为：缺乏微服务架构。这种非常现代的架构风格通过对数据、基础设施和应用程序的解耦来实现更强的灵活性。在传统的软件解决方案中，这三个元素被捆绑在一起。可以将现代架构看作是一个由很多盒子组成的架构，这些盒子就是应用程序小组，每个小组尽可能独立，这样对其中一个应用程序的改变给其下游或系统内其他部分带来的影响最小。现在，想象一下相反的情况：数以百计的应用程序，它们的链接深度纠缠在一起，它们的互联又被一代又一代的应用程序进一步复杂化。这就是今天大多数组织面临的重重障碍，这给新的自动化应用创造了一个几乎不可逾越的丛林。

数据不充分

大多数公司所面临的另一个基本障碍是它们的数据状况。这也是智能自动化的一个特有障碍，特别是在部署机器学习算法时，系统需要大量数据。

很少有企业抱怨自己的数据太少。当前信息收集和处理的数字机制产生了海啸般的数据点。问题在于可用的数据太少，不是质量差就是可获得性有限。通常，在整合不同格式的数据方面存在着困难。特别是并购导致应合并但没有合并的独立的数据池时，这种情况就更严重了。最近的一项研究估计，97% 的企业典型的决策都是基于企业自身的管理人员认为质量不可接受的数据而做出的。[9]

对这一障碍进行有效思考的方法是，不是将其看作缺乏足够的数据，而是看作缺乏良好的数据管理策略。通常情况下，数据是以某种形式存在的，可为企业产生实时的洞察和行动，但是它仍然被锁定在非结构化和半结构化的形式中。它必须被清理、设计和优化，以便对决策和自动化行为有用。一个亮点是自动化本身可以提供帮助。所谓的捕捉软件，虽然形式不是很友好的，但是可以自动捕捉数据，并进行内容分析、关键要素识别和处理，从而对企业的业务系统和应用程序贡献价值。

对统包解决方案的失望

近年来，智能自动化领域的供应商解决方案数量呈爆炸性增长。只要看一下创新企业，创业活动和新公司融资是如此之多，以至于 CB Insights 发布的年度名单上，仅"最有前途"的人工智能初创企业就有 100 家。[10]

看起来唯一的障碍是根据财富多寡进行选择的尴尬，但重要的是要认识到这些解决方案不具备 IT 部门通常从现成的企业级解决方案中获得的通用功能水平。特别是在软件需要根据特定公司的数据进行训练的情况下，期望供应商提供一个"即插即用"的解决方案是不合理的，还需要大量的工作来使解决方案匹配公司自身的环境。

事实上，供应商的解决方案通常并非"开箱即用"的，这一现实障碍有时会让急于在智能化方面取得进展的企业经理们感到吃惊。更糟糕的是，这可能导致他们只倾向于那些小规模的点式解决方案，这些解决方案不需要太多的调整或训练就可以使用。在这种情况下，他们可能会面临不同类型的障碍：不能扩大解决方案的使用规模，或者不能从整体上考虑什么能帮助企业实现其最重要的战略目标。

障碍 5：缺乏战略校准

当智能自动化在战略上被管理时，需要在两个层面进行思考。第一个层面，有一个明确的计划，在组织内建立智能自动化能力，以清楚地阐述其主要目标，并制订行动计划以实现这些目标。第二个层面，所追求的智能自动化解决方案应与整体业务战略相一致。戴维·凯隆（David Kiron）和迈克尔·施拉格（Michael Schrage）为《麻省理工学院斯隆管理评论》撰文，将这一战略观点称为"人工智能战略及与人工智能共舞"。[11]对这两个层面中的任何一个关注不够都将成为成功的障碍。

目标不明确

智能自动化过程中一个常见的战略方面的阻碍是，管理者没有花时间在当前的绩效数字的基础上，用客观可衡量的术语来说明他们的目标。例如，一个具体的项目旨在提高一个呼叫中心的性能，那么仅仅是诸如"我们将实现打开案件编号过程的自动化"这样的目标是不够的。需要给出具体说明，如它的目标是将处理错误降低40%、处理时间压缩80%。这里隐含的意思是，项目团队将会准确了解今天所处理的错误率和平均处理时间。这些都是关键指标，用来衡量项目的进展（和最终的成功）。

不明确的衡量标准

缺乏明确的衡量标准会成为未来自动化的一个障碍，会使智能自动化的支持者无法说明智能自动化所带来的益处。同时，它也给当前自动化项目的有效管理带来了障碍，因为项目团队缺乏明确的目标来确保其工作顺利进行。

在自动化工作开始时，不管价值的体现方式如何，一个团队都应该阐明其预期实现的最终价值。成本节约通常是最突出的目标，部分因为它更容易衡量，可以用来显示项目的投资回报；智能自动化也可以应用于提高速度或提升质量，可以通过简化流程或为客户节省时间提供价值。通常情况下，对于一家企业的竞争优势、增长和长期成功而言，沿着这两个方面进行的改进对企业的影响远大于成本节约增量。至关重要的一点：不仅要建立明确的衡量标准，而且要衡量什么才是真正重要的东西。

缺乏路线图或战略计划

除了明确的目标外，自动化的战略还需要阐明团队将如何在计划的时间范围内实现这些目标。缺乏一个明确的路线图是阻碍大多数企业取得有影响力成果的一个主要障碍。许多企业还没有使用这么规范化的方式来管理新的举措。因为到目前为止，自动化、分析和人工智能的采用和实施都是以零散的方式进行的，是在恰好有高度兴趣及足够技能支撑的组织中，本着试验的精神在小范围内进行的。然而，如果没有一个结构化的路线图，它们不可能以最快的速度或最有效的方式取得进展。

任何项目都需要有自己的路线图，但在最高层面上，企业整体的路线图应代表其实现智能自动化全部潜力的决心。它应该描绘从目前的自动化起点到自动化目的地的旅程，在这一旅程中，应经常设定业务目标，并由员工以创造性的方式通过变革性的自动化技术在整个企业中实现。

正如第4章所讨论的那样，智能自动化路线图实质上是关于自动化如何发展和引进，以获得最大累积效应的一种战略。缺乏这种路线图的企业会被拼凑的工作方式所束缚，无法接受挑战，无法更新根据多年前的业务需求而建立的系统。它们所依赖的旧技术不足以应对未来业务目标的挑战。

没有依据确定优先项目

我们刚刚讨论了应如何将智能自动化作为一个有规划的旅程来对待，用一个"你在这里"的地图来简化步骤并帮助团队确定如何推进。此外，这不仅是企业技术部署层面的转型之旅，也是商业模式以及运营模式层面的转型之旅。正如凯隆和施拉格所阐述的，在探索和发掘战略机会方面，有一个"人工智能的战略"是不够的，"与人工智能共处"的战略同样重要，甚至更为重要。

自 IT 部门成立之初，一直困扰着它的一个问题是：它的项目与企业的优先事项之间缺乏一致性。由于缺乏一致性，智能自动化项目往往缺乏明确的商业案例。很多组织在一开始就步履蹒跚，因为它们没有提出一个令人信服的理由，来说明智能自动化将如何在市场上带来竞争优势。[12]因此，它们缺乏一个有说服力的立场说清楚应该将哪些工作自动化，以何种顺序推进，难以说服领导层以有意义的规模来实施智能自动化计划。

做出战略选择需要有一种方法来确定优先次序。但对许多企业来说，一个很大的阻力在于缺乏一个机会评估流程。这就导致了一种情况——"百花齐放"。我们最近访问了一家跨国企业，该企业有超过 300 个独立的自动化项目，但都是孤立存在的。管理者们以一种临时性方式来处理自动化问题，采用工具来解决特定团队所发现的问题，而且在大多数情况下都是在摘取低垂的果实。一些技术驱动的企业有数百种技术选择，同时进行许多试验。其他企业采取零散的方法来应用自动化，识别机会，"按单点菜"和利用孤立的工具来解决孤立的问题。

我们看到一些企业在大量地进行自动化，但目标就是错的。全球运营和供应链解决方案应该是优先考虑的吗？也许应该优先考虑一个库存管理流程，或者优先弥补培训和发展的差距？通过提升速度、效率、问题解决能力和适应性，智能自动化有可能为几乎所有流程或决策增加有形价值吗？然而，企业的变革能力在任何特定的时间范围内都是有限的，必须要做出战略选择。一家企业必须有一个将各种机会分门别类梳理的流程，类别包括"短平快"、具有战略意义的优势，等等。

可以肯定的是，从小处着手、谨慎行事开展试验，可能是比较好的方式。典型的做法是，企业在假定财务利益会实现的基础上，只是简单地寻找重复性任务来实现自动化。但是如果自动化工作过于孤立，那么可以在企业范围内利用的协同效应就会丧失。在互不相干的情况下追求自动化，限制了自动化所能提供的力量和整个企业的效率。很多企业在试点阶段或早期的人工智能应用阶段停滞不前，问题在于它们在孤岛和离散的项目中实施技术。这种方法不仅缺乏企业层面的观点，而且还引入了更多层次的复杂性，并阻碍了可扩展性。

在最坏的情况下，这意味着资源被用在了自动化尝试上，却并没有给企业带来太多益处。以部署一个虚拟代理来自动化一些标准报告为例。报告的自动化是经理们意愿清单上非常普遍的一项：制作报告是烦琐的工作，而且是基于规则的，它似乎是易于自动化的。然而，将这项活动自动化对企业的影响是什么呢？当然，它节省了一部分雇员的时间，但通常这也不是太关键的，如果这就是它所提供的全部价值，那么对企业的影响就微乎其微了。

相比之下，想象一下，如果虚拟代理被部署用来检测和发布一些关键任务的警报，例如通知工程师一个即将发生的故障，这个故障将使企业的核心区面临严重的停机。与此相比，使用一个虚拟代理来节省一些后台报告的劳动是一种浪费。对一个新工具感到兴奋很常见，也会看到相关用例，但有些东西是不值得投资的。

智能自动化的四个迷思

前面讨论的障碍都是非常真实的，同时企业也可能被那些存在于想象中的障碍所束缚。我们把它们称为迷思（或心理障碍）——误入歧途的想法，它们阻碍人们看到机会并采取行动。从某种意义上说，本书的大部分内容将致力于破除迷思。在一开始，这里就有几个大的迷思需要破除。

迷思 1：我们的客户还没有做好准备

智能自动化的重点是使优秀的员工——公司最稀缺和最难拓展的资产，能够专注于机器无法完成的任务。人的素质和能力，如领导力、创造力、说服力、批判性思维以及直觉等，仍将是公司竞争优势的源泉，因为它们难以复制。有才华的人将会倾向于选择具有人文素质的组织：致力于打造人际关系、关注员工的关切、帮助管理者解决迫在眉睫的问题，以及提升员工的参与度和满意度。

毋庸置疑，客户（以及其他保护自身利益的人）对数据隐私和安全心存担忧，尤其是公共部门和医疗机构的客户。但是任何公司都不应该拒绝自动化，认为人们只乐于与人打交道是缺乏依据的。

迷思 2：智能自动化的成功完全是技术挑战

有人认为在智能自动化时代，赢得技术军备竞赛才是成功的途径，这是一种普遍的误解。根据这种想法，如果技术是竞争优势的关键，那么最善于观察前沿技术并最有条件购买最新最贵工具的组织将脱颖而出。

现实情况是，智能自动化方面的胜利在于它为人所用。同样，智能自动化的重点是发挥员工的才能。这意味着在智能自动化方面取得成功与以下几方面息息相关：了解人们的需求，以"帮忙不添乱"的方式引入新技术，并满足任何对新技能、角色和工作内容的需求。换言之，这主要是一个关于人的挑战。

迷思 3：最好不要成为先行者

也许可以换种方式来表述，这个迷思是这样的：技术发展如此之快，现在上车是愚蠢的，为什么不等待尘埃落定，让别人来承担采用"前沿"工具的风险呢？为什么不在这些技术中哪种技术的回报率最高显而易见时，再快速跟进？

诚然，这个领域的创新速度飞快有消极的一面。在某种意义上，无论采用什么技术都会很快过时。根据埃森哲 2019 年的面向 6600 多名业务和 IT 主管的一项调研，94% 的受访者认为，在过去三年中，他们组织中的技术创新步伐"加快"或者"显著加快"。[13]这可能会让人觉得永远没有合适的时机加入。然而，在埃森哲的企业系统调查中，那些拥护"快速追随者"方法论的受访者往往属于"落伍者"范畴。他们在使用自动化方面总体表现不佳。例如，他们当中只有 42% 的人在发展人工智能工具包方面进行了投资。

实际情况是，在别人有所成就和不断学习的时候，坐视不管的行为是愚蠢的。经济学人智库（EIU）2019 年对 8 个国家的 502 名高管所进行的调研发现，其中 73% 的人声称对他们看到的自动化效益"非常满意"或"完全满意"。[14]

这表明现在躬身入局的风险并不像一些管理者想象得那么大。是的，工具包将继续快速发展；是的，可能会出现一些遗憾，会绕一些先前没有想到的弯路。但更大的风险在于失去了在使用可行技术的过程中不断学习的红利。那些使用人工智能的机构可以参与设定新标准，不只是在速度和效率方面，还有质量和功能方面。成功应用智能自动化的公司将打败那些原地不动的竞争对手。

迷思 4：流程被自动化意味着大功告成

打开谷歌，根据一个特定的行业或职能领域搜索"什么是自动化"，它将迅速地提供一系列智能自动化的使用场景名单。如果你的搜索指定了保险业，你会了解到该领域的大多数公司都是以 X、Y 和 Z 为起点的。这些领域已经实现了自动化，或者正面临要把自动化落实到位的巨大压力。在这种压力下，我们很容易采取"打钩"的心态，对已经"完成"的流程松一口气，并将注意力集中在下一步的不同流程上。

现实情况是，自动化是不断迭代和延续的。在实现一项任务或流程的自动化后，公司需要不断改进，特别是通过结合机器人流程自动化、人工智能和现代工程来进行。

比如，一家银行已经成功地应用了机器人流程自动化，使客户能够检查他们的信用卡余额。现在，客户不必再在办公时间打电话或在呼叫中心排队等候与代理交谈，而是可以通过聊天机器人的界面来获得问题的答案，非常便捷。对银行而言，关键在于不要在这时说"任务完成了"。如果把这个聊天机器人稍后变成一个虚拟/对话助理，使其从客户角度了解问题的根源所在。聊天机器人作为客户的接触点，除简单地给出客户问题的答案外，还能做哪些事情？一旦一个基本的解决方案开始运行，就总是有新的机会和新的举措可以被添加到其中，自动化旅程永远不会结束。

　　这一章谈到了即使各种规模的公司都认识到智能自动化的巨大潜力，智能自动化发展过程中也还是会遇到许多绊脚石，我们将它们归纳为一个便捷和熟悉的管理框架，即人员、流程、战略和技术。虽然与任何关于障碍的讨论一样，基调是谨慎的，但我们希望读者真正从本章领会到的信息是乐观的：所有这些障碍都是可以克服的。

　　管理者只需要对这些障碍有充分的认识，并有一个结构化的方法来应对和克服它们。第3章将讨论智能自动化的战略挑战，以及如何根据公司的优先事项建立投资案例。

本章要点

- 在应用智能自动化的过程中，有一些非常现实的障碍需要克服，涉及人员、流程、技术和战略。本书的重点是帮助组织克服这些障碍。

- 但是，许多尝试被一些误解所妨碍：客户还没有准备好接受自动化，智能自动化解决方案主要是技术项目，"快速追随"比先行一步更安全，以及解决方案到位就可以一劳永逸，不再需要管理人员的关注。

- 为了使组织在智能自动化的时代中胜出，管理者必须认识到这些障碍，摒弃这些迷思，并拿出能够超越这些障碍的举措。

第3章

从制定战略意图开始

今天有许多例子表明，企业的商业战略处于不断演变中，并在某些情况下不断进行颠覆，以保持企业竞争力并引领行业。

电信业也是如此，我们所了解的一家电信公司已经开始非常战略性地接触智能自动化了。鉴于它的创新速度，它希望在稳定引入新的定价策略、客户福利和促销活动方面保持创新步伐，在竞争对手会很快效仿并推出类似套餐和促销活动的情况下，有效的战略计划是绝对必要的。

像大多数公司一样，它使用所谓的"瀑布式"方法来开发新的软件解决方案。它在每个财政年度的开始，都会为既定的创新项目计划指定并分配预算。如果该公司想启动包括 15 个项目的下一波创新浪潮，它就会在年初规划出所有 15 个项目并绘制出时间表，显示从软件开发到测试，再到广泛部署之间的清楚的切换时间。几年前，该公司认识到这种方法不利于对想法和机会采取快速行动，即使是对正在开展的项目，也需要花费大量时间，软件的部署和客户开始获得收益的周期都比计划需要的周期长。

随后这家电信公司进行了一次大规模的转型，对软件开发流程进行了两项改革。首先，它放弃了"瀑布法"和其他传统的方法论，转而采用"敏捷"和 DevOps 的新方法。其次，它在整个流程中端对端地应用了智能自动化，这降低了开发成本，并使开发变得更快、更可靠。

例如，将开发和测试过程的许多环节自动化，使该公司能够更好地衡量是否准备就绪。由于具备更好的预测性能，该公司向市场推出的版本就有更高成功率。同时，由于"敏捷"和 DevOps 方法带来时间表的压缩，该公司向市场推出新版本的速度是过去的八倍。创新已经变得如此频繁和流畅，以至于经理们谈到，需要有一种方法，将适应作为一个持续增长的过程，而不是一个破坏性事件。

这家公司的经验会给其他人在智能自动化方面取得成功带来什么启示？一个重要部分是它从三个层面对自动化进行了战略性思考：以最能推动业务战略的方式来应用它，为培养 IT 系统能力制定明智的战略，并为特定的解决方案设定雄心勃勃和明确的目标。我们看到，那些从智能自动化投资中获得最大收益的公司，在所有这些层面上都经过了深思熟虑。我们在下面的章节中会依次探讨其中的每一项内容。

自动化与业务战略步伐一致

一切都从清晰的企业战略开始，并使 IT 保持一致以支持该战略。30 多年前，战略专家加里·哈梅尔（Gary Hamel）和 C. K. 普拉哈拉德（C. K. Prahalad）在研究了很多在此之前 20 年内于全球范围内取得了领先地位的公司，并找出它们成功的共同关键因素后，提出了"战略意图"这一说法。[1] 他们发现，无一例外，领先的公司都能说出它们试图实现的最重要的唯一目标。他们提道：“战略意图设想了一个理想的领导地位，并确立了组织将用来规划其进展的标准。”

当一个管理团队阐明本企业的战略意图时，这个战略意图对该企业的发展方向以及其希望实现的长期目标做了一个令人信服的、简洁的声明。仅仅有一个企业宗旨是不够的，虽然一个企业的使命是持久的，但要不断调整战略以适应商业环境的变化，并反映如何实现这一使命。

哈梅尔和普拉哈拉德还发现，在他们研究的那些蒸蒸日上的公司中，高管们在将他们的雄心转化为可行性实践方面做出了不凡努力。他们还强调：“战略意图这一概念，也包含了一个积极的管理过程，包括将组织的注意力集中在取得胜利的本质上，通过沟通目标的价值来激励人们，为个人和团队的贡献留出空间，在环境改变时，通过提供新的业务定义来保持热情，并用战略意图的一致性指导资源分配。”

自动化与其他领域一样，团队的贡献和资源的分配应该以战略意图为指导，而不是以草率的、孤立的或不知所云的方式进行。从一开始，智能自动化工作就应着眼于如何能够推进预期的竞争优势，甚至达到促进商业模式转型的水平。例如，你的公司是否打算在价格上进行竞争，并坚持不懈地关注市场占有率的提高？还是打算做出超越竞争对手的创新以获得更高的利润率？对于相互竞争的自动化项目方案，要根据它们对企业沿着所追求的战略道路前进的支持程度来确定优先次序。

这里需要着重强调的一点是，智能自动化可以成为追求任何战略意图浑然一体的组成部分。它不仅是减少成本、时间和错误的手段，虽然这是管理者对自动化的典型预期，而且对推动商业战略同样重要，这些战略要求拓展其他方面的能力，例如，个性化的客户服务，更快的业务扩展，更符合实情的决策，或更好的风险、安全和合规管理。

那些从自动化投资中获得最大收益的公司在挑选项目时，更多考虑那些真正关键的战略和长期回报，以及那些真正能提供独特竞争优势的应用。这就是为什么业务主管必须与 IT 主管共同制定智能自动化战略。业务部门应该是最终交付结果的负责人，并且准备好参与到监控、调整和新的智能自动化创造过程中。只有当业务部门的经理们被预先设计好的战略所激励，他们才会投入必要的人员来支持该战略和维持收益。

我们之前谈到的那家电信公司，其目标是通过在创新方面超越竞争对手，扩大客户群。此外其目标可能是增进客户互动和关系。例如，对于奢侈时尚零售商 Moda Operandi 而言，高接触服务势在必行，因为顾客希望设计师提供个性化的推荐以及一对一的沟通，以显示出他们的需求是被理解和得到重视的。[2]这如何转化为任何形式的自动化机会？一些高端零售商会假定顾客无此需求，或者只在顾客看不到或没有交互的业务功能方面采用了自动化。

Moda Operandi 对此有不同见解。该公司认识到，传统时尚零售商增长的最大制约因素是难以找到具有顶级时尚鉴赏力、格调优雅和具有组织能力的设计师，于是它积极寻找方法，用智能系统来为关键人才赋能。正如该公司的首席技术官凯伦·麦卡蒙（Keiron McCammon）所解释的："Moda Operandi 收集了不同来源的行为数据，并开发了一套内部算法，通过机器学习，根据客户行为向设计师推荐产品，然后由他们为客户手工制作造型书"。[3]有了这个新的个性化引擎，设计师就可以根据客户的行为向他们推荐产品。由于这种新的个性化引擎，一个造型师在过去可能为 50~75 位客户提供咨询，现在可以为多达 300 名客户提供同样品质的服务。奢侈品服务不再局限于一小部分时尚人士。

通常情况下，新技术为调整业务战略提供了理由和需要，因为公司发现自己身处新环境下并与更灵活的组织竞争。例如，银行业在过去的几十年中，被技术的进步倒逼进行了许多战略转型。时至今日，如果一家银行还不能呈现给客户一个能够提供个性化金融建议及实现财务目标途径的应用程序，该银行将面临严重的竞争劣势。而这些应用程序可以毫不费力地监测账户的资金、支出模式、个人支出模式及提出消费建议的系统，实质上是由分析学和人工智能进步所驱动的。同样，方便的支付账单提醒功能，以及关于更多金融问题和服务的邀请通知，也是随着智能设备和移动应用程序的兴起才成为可能的。

接下来会发生什么？可想而知，虚拟现实（Virtual Reality）和扩展现实（Extended Reality）技术的进步会带来革命性变化，将彻底改变人们在购物、学习和工作环境中的互动，当然，也包括娱乐。到现在为止，扩展现实主要被用于游戏应用中，为玩家创造更加身临其境的体验。随着技术的发展和普及，研究和开发推进到其他面向消费者的企业，例如零售商，这些组织正在以多种方式进行扩展现实技术的试验，从高端手表到时尚眼镜，再到家具和建筑用品，甚至化妆品，销售人员已经通过智能手机实现了为顾客提供"先试后买"的服务。[4]

可以肯定的是，技术的进步将不断涌现，而伟大的业务战略家将持续借势实现商业成功。保持智能自动化与业务战略相一致要从以下问题出发：在这个智能自动化的时代，最高管理层计划怎样带动组织发展？行业的未来是什么？未来三到五年价值的定义会发生什么改变？只有具备了清晰的战略意图，管理团队才能从整体上思考所有的系统、资源、约束、边界和组成部分。

规模化实施自动化的战略

将企业的业务需求转化为自动化战略是至关重要的。毕竟，自动化是一个很大的行动范畴，其投入的资源是有限的，需要以有限的资源产生最大的价值。到目前为止，我们一直在讨论有智能自动化支持的业务战略，对于行政人员和管理人员来说，能够表达出他们对于系统的智能自动化战略的想法也是至关重要的。可以肯定的是，系统战略必须始终与业务战略保持纵向一致，而不应该与业务所要实现的目标背道而驰。然而，系统战略仍应按其自身实际进行规划，旨在为整个企业建立强大而持续的能力。

具体来说，在自动化方面，在从机器人流程自动化、智能自动化和人工智能中获得收益之前，某些基本要素必须要落实到位。在形成一个经过深思熟虑的智能自动化战略前，首先要诚实地评估一个企业在其数字化旅程中的位置，包括其数据状况。正如"软件质量之父"和成熟度模型先驱瓦茨·S.汉弗莱（Watts S. Humphrey）所说："如果你不知道自己身处何方，地图根本没用。"⁵ 从这里出发，通过对自动化技术的投资可以培养额外的技能和收获更多的价值，应该制定出时间表，并为明确责任和跟踪投资回报提供指导。

如同业务战略一样，不同组织的系统战略也大相径庭。即使企业斥巨资于各种技术，其结果也可能是令人失望的。对于关键技术的投资，即使是必要的，也并不能确保企业的市场领导者地位。分散的投资导致了多元化的系统在技术孤岛上运行。这些孤岛往往阻碍了企业各部门之间的协作，而分散的决策很难体现战略业务目标。要成为一个市场领导者，一个企业从一开始就应该考虑到一个更全面的战略，建立面向未来的系统。

技术信息每两年就会更新。这意味着在任何特定时间点上相关的技术，有一半可能在两年后过时。但传统的系统，包括软件应用程序、硬件和数据中心等，都不是为当前的物联网、传感器、移动计算、人工智能应用和数以万计的设备而设计的。它们也不是为了一个不断进化的未来世界而设计的，不管未来是怎样的。传统意义上，IT"堆栈"的组成部分，包括数据库、应用程序和基础设施，一直被看作独立的实体。随着组织逐渐转移到"云上"，以及采用统一的数据、安全和治理方法，这种独立性正在逐渐消失。

随着每个组织技术版图的扩展，系统应该被设计成具有互操作性的，从而更好地发挥技术的潜力。解决方案堆栈的所有层面上的不必要依赖性应该被移除，以避免效率低下和冗余。应该重新设计整体商业模式，如有必要应建立新的伙伴关系，从而打造一个面向未来的生态系统。

未来的技术发展只会更加日新月异，而且以非恒定的速度向前演变。系统应该被设计得能够无缝地处理中断，并使用灵活的架构来抵御变化。方法应该是确定造成新技术采用速度及价值实现放缓的最大摩擦点在哪里。一个企业必须在其数据战略上下功夫，从高质量的数据出发，将以数据为中心的方法应用于最重要的商业决策中。这个过程中，必须把人放在流程设计的中心位置，并意识到数据和技术并不能单独解决问题。

正如第 2 章所讨论的，打破组织性和文化性的障碍，从仔细审视它们是如何阻碍技术应用速度和问责开始的。"快速失败、尽早验证"这句话，是指团队应该在初期就开始收集对他们设计的反馈，从失败中学习并产生一系列迭代，体现出持续和稳定的改进，这是最好的方法：这不仅是实现一项新兴技术的全部可能性的最好方法，也是将其所带来的变化社会化的最好方法。对于企业在数据或其他方面的政策是否会对自动化团队试图建立的解决方案造成障碍，事先了解要强于滞后了解。对此，"快速失败、尽早验证"也是一个好方法。

经过精心设计的智能自动化战略将帮助企业高管和中层经理们推动自动化变革。定期反思三个问题可以帮助保持自动化的战略方向：我们是否专注于建立一个自动化的生态系统，以打破组织孤岛并优化我们的投资？我们的战略是否真正注重敏捷性，并能做出快速决策以快速响应技术变化？我们是否正在设计能在整个企业中推广的自动化，以及打造能为未来铺平道路的系统？

任何组织在制定面向未来的自动化战略时，都应该致力于以下几点：

- 培养一个结构合理的自动化生态系统，打造一个合作伙伴、服务供应商和学术机构可以共创价值的网络。
- 扩大规模，使公司能够迅速和有信心地进行创新，并推出具有真正影响力的解决方案。
- 利用预先构建的、可定制的解决方案，将其融入业务并在公司层面推广，加速职能部门的创新、降低成本，更快地取得成果。
- 用强大的数据战略支持自动化战略。例如，利用拥有包括边缘实时数据的自主数据集成，可以创建一个单一的"真相之源"来指导业务。

对于许多企业来说，制定一个健全的自动化战略涉及建立合适的战略合作伙伴关系，来支持新能力和新项目的启动和拓展。通常，除非一项服务能够以相当规模持续提供，否则一个令人兴奋的机会很难转化为现实。但考虑到技术变化的速度，特别是在涉及内部能力开发的情况下，一个企业可能没有足够的时间扩大服务规模。即使这些能力能够及时完成开发，但建立起市场对这些能力的认可，还是需要有一定的时间。

因此，扩大规模的最快方式是与那些在打造相关产品和培养相关能力方面，已经拥有市场认可度和竞争优势的企业建立密切的战略伙伴关系。以前文刚刚讨论过的扩展现实机遇为例，大多数投资于扩展现实以增强客户体验的企业，都与那些在虚拟现实领域有长期经验的企业合作，它们将自己定位为虚拟现实领域的行业领袖，将自身视为一个广泛的生态系统的参与者，并将继续尝试产生下一个层次的沉浸式体验。

根据财务状况和长期的发展轨迹，一些企业认为收购这些小型的、小众的企业是正确的战略举措，因为它们的技术对增强本企业的战略地位很有帮助。另一些企业则致力于将各种利益相关者、合作伙伴和客户聚集到一个单一的平台上，这样它们可以从数据和反馈的无缝信息流动中受益，从而促进自身业务的增长。

简单、无缝、规模化、可持续

将智能自动化战略变为现实需要一个结构化的路径，以确保业务主管、IT 主管和各级别的员工在这一过程中共同前进。一个基于四个

"S"的易于记忆的模型可以帮助指导这一过程的决策——简化、无缝、规模化和可持续（见图 3.1）。

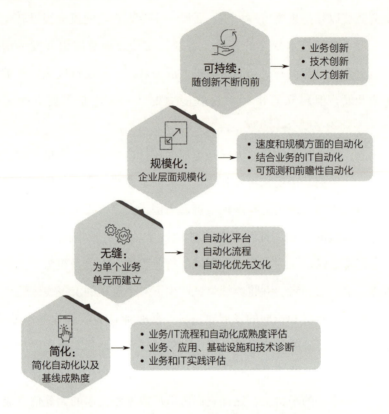

图 3.1　"4S"战略驱动实现最高级别自动化成熟度

简化

亨利·戴维·梭罗（Henry David Thoreau）的《瓦尔登湖》中最著名的一句话是："我们的生活被细节消磨殆尽。听我说，要简单、简单!"自动化解决方案也是如此。简单是一个原则，我们应该寻找方法来降低现有流程或系统令人眼花缭乱的复杂性。我们不应该通过每一个新项目来增强复杂性，而应该重新调整应用程序和架构，以实现简单的模块化。

简单的原则应该体现在三个层面上：第一，确定对商业重要的用例，即确定投资回报率驱动的自动化用例；第二，设计易于使用、易于扩展和易于演化的自动化；第三，采取切实可行的实施方法，协助每个用户将自动化无缝地融入他们的日常生活中。

简单也意味着在部分或全部实现自动化之前，就对业务流程进行简化。要做到这一点，需要应用精益原则和六西格玛来消除不必要的或过于烦冗的工作步骤。回顾一下第 2 章的基本规则：不要自动化那些设计得不合理的流程，否则会加快错误的步骤。正确的方法是优化流程，然后在引进别人使用过的自动化解决方案之前按下暂停键。对一个组织来说是正确的流程，可能对另一个组织来说过于复杂。弄清楚一个特定组织在其自动化进程中的落脚点是重要的一步。

一个更为简洁的建议：自动化领导者应该进行基线和基准测试，这样他们就能知道自己的组织在这个过程中处于什么位置，以及进展如何。同时，他们应该建立报告、管理和跟踪的方法，这都是非常基本的，但也非常关键。

无缝

第二个重要原则是要确保现有技术生态系统和自动化层之间的无缝连接。如果一个企业正在使用 ServiceNow，其自动化参与过程就必须符合其 ServiceNow 战略。如果它正在使用 ELK 栈（包括三个流行的开源项目：Elasticsearch、Logstash 和 Kibana）作为一个分析和人工智能的开源软件，它需要有开源的"即插即用"的 API，以便能够连接。它需要使用 API、微服务和容器来整合其自动化层，而不是在现有的技术环境中再开发一个工具或资产。一个无缝的、准确的数据结构也是至关重要的。

未来的成功将取决于通过数字解耦将核心系统与新系统无缝连接。想一想那些现在发展最快的企业的战略，例如亚马逊，作为一个平台来运作，使得它可以将为支持自己的运营而建立的结构和能力提供给其他正在寻找有效方法来服务客户的企业。

在一个企业内部，自动化也可以采用同样的模式。创建一个可以共享各种解决方案的平台，使得各种方案可以兼容并发挥作用。当我们谈论无缝时，我们也在谈论为终端用户提供无缝的自动化体验——当一个企业对架构采取绿地（Greenfield）方法时，这一点就变得比较容易了。然而，今天的大多数企业都依赖于现有的技术系统，这些技术系统最初只是为公共服务而设计的，根本不足以支持当前大多数企业需要实现的创新速度，无法满足不断变化的客户的期望。今天，任何从零开始创建的系统既要提供一个流畅的终端用户体验，也要允许新技术的不断融合和业务流程的变化，还要不损害基本的公共服务所需。

让自动化在 IT 组织内实现无缝连接也有一个文化因素。自动化变化管理的一部分是让领导层和员工接受这样的想法：自动化永远不会停歇。人们应该一直自我提醒：接下来什么可以自动化？

有人说，世界上最具创造力和最有发展前景的企业都有特定的基因（DNA）——它们的思考和工作方式与众不同，别人很难复制[6]。带动组织文化向自动化优先文化转变，需要持续地强调鼓励、赞美和赋能员工，使他们持续学习、设计渐进的原型和共同创造（例如，通过黑客马拉松和设计思维研讨会），以及在其他方面持续改进和创新。这并不会在一夜之间发生，但可以在一个组织中注入创新基因，将使其能够满足整个自动化旅程所需要的所有建设、扩展和创新的需求。

规模化

一旦一个团队设计了一个自动化解决方案，并且当该方案在小规模的试验中得以验证，那么面临的下一步挑战就是如何在工业规模和真实世界的条件下，日复一日地将其在工作中加以推广并保证其可靠性。扩展一个智能自动化解决方案需要解决五类问题：业务成熟度、数据访问和治理、文化和人才、平台和架构，以及智能自动化所特有的问题（如跟踪新兴技术和具有平台思维）。

这里的一个重要观点是，规模扩展不应该是一个"大爆炸"式的转换，而应该是一波一波循序渐进地向前推进，稳步建立能力和专长。在企业层面扩展人工智能和自动化能力需要一个适用于各类型人才和技能的整体战略。

正如第 7 章所详细论述的那样，人才发展是自动化扩大规模应用的一个重要部分。自动化不能只是一个小团队的责任，它必须是企业内部每个人的责任。在企业层面上投资于技能是至关重要的，可以让企业为未来做好准备并大规模建立起相关能力。

可持续

最后，至关重要的一点，企业不能把自动化看作是一劳永逸的举措。为了在快速变化的商业环境中保持竞争优势，企业必须不断地推动自动化的发展。这其中的一个含义是，公司应该建立机制，不断扫描行业研究，识别不断涌现的新机遇，包括机器人流程自动化、其他类型的自动化、人工智能和分析，并调研其他组织是如何对其进行试验的。

为了保持相关性，企业必须对市场趋势、客户行为模式和新兴的工作方式做到心中有数。变化来得很快，不仅包括产品和服务方面，还包括运营模式和自动化战略。经理们需要定期重新审视他们所做的决定，并考虑是否以及如何将其有限的资源投资于有前景的自动化和人工智能技术领域。保持相关性是一种应变能力，需要预见可预测的未来、重新调整投资方向，并转向新的机会和增长领域。

更重要的是，一个组织应该有办法激发和了解团队中每个成员关于自动化的想法，没有人比每天亲历的员工更清楚流程中的摩擦点在哪里，以及如何更好地利用他们的时间。不管是通过黑客马拉松、设计"果酱"（Jam）、人工智能竞赛，还是任何其他参与型活动，都应该让人们在看到机会时能说出他们的想法，并使他们的想法被听到。管理层需要实现一定程度的"工业"自动化，并得到组织中每个人的支持。我们的目标是让每个人都认可，寻求自动化的新机会对于降低成本、提高投放市场速度或更有效地实现其他业务优先事项的必要性。

最后，智能自动化行动能否延续取决于是否有办法监测正在产生的商业价值。即使自动化解决方案与业务目标和优先事项完全一致，但如果它们创造的实际价值没有被跟踪，那么进一步的资金投入可能会被切断。仔细核算每一美元的投资和节约，对支持智能自动化以及认可其所产生的价值都能发挥很大的作用。

实践中的情况

讲一个我们所熟悉的一家金融服务公司的故事，应该有助于将我们一直讨论的一些概念带入实际场景中。

这家公司认识到根据人们与服务公司互动的偏好的变化，客户的行为在不断变化。这家公司决定推出一项由智能自动化支持的新的财富管理咨询服务。其目标有二：一是实现客户群的增长，这些人在过去没有机会获得负担得起的、高度定制化的金融建议；二是留住成熟客户，如果其他供应商能提供更方便的自动化解决方案，这些客户就有可能迁移到其他供应商那里。

为了保持领先地位，公司的业务管理者开始熟悉其他行业的自动化应用，并想象类似的工具如何能让公司重塑其产品和服务，以增进与客户的互动。将这些创造性机会铭记在心，于是这家金融服务公司推出了一个自动化战略来设计和开发相关创新方案并将其推向大众零售银行市场。

在每个层面都以战略意图的"北极星"为指引，自动化创新从一开始就有一个全面的视角，将对其他业务线、相互协作的流程、数据管理和人才管理等方面的影响纳入考量，诸如此类的问题不是"事后诸葛亮"，而是早期就被提了出来而且经过了认真思考，例如某些工作的内容会发生何种变化，如何重新培养和提高现有员工的技能等。

在这个时间节点上我们开始熟悉这些尝试，埃森哲参与其中，帮助设计、构建和测试新的解决方案，采用敏捷方法，快速开发了最小型的可行产品并根据反馈意见不断迭代和完善。然后，将这一产品投放到市场上进行测试，客户能够24/7（24小时/7天）地访问在线服务，并被要求完成一份使用体验的详细问卷。这个新的、自动化的财富顾问显示出广泛应用的巨大前景。事实上，目前该解决方案正在大规模地运行，为客户提供财富管理建议，并在服务不足的市场上取得了新进展。

是什么让这个财富顾问取得了成功？从根本上说，是因为嵌入其中的人工智能提供了合理的建议。算法提供的答案与金融服务公司的资深顾问提供的答案相当，而且更为迅捷。同样重要的是，工具使用起来既简单又直观，基于客户经验和使用要求做了详细评估。在向客户提出一系列关于财务状况、投资经验和风险偏好的问题后，自动化的财富顾问会推荐个性化的投资组合，包括股票、债券和其他资产类型。这个故事的结局是一个典型的双赢结果：客户获得了全天候的可信赖的财务指导，而这家金融服务公司则成为数字创新的引领者。

领导力的作用

战略和领导力经常被相提并论是有原因的。高级管理者掌控着战略流程的制定。那些被组织中的领导者视为优先事项的方案会最快成形。离开以下几点，任何战略都不会成功：需要有人向他/她的同事们清楚地阐述一个战略，在日常决策中将其纳入考量，并全面推动变革进程（通常是复杂的）。

事实上，智能自动化应该被当作一个全企业范围的举措来对待。正如企业已经认识到数字化转型是一项全局性举措一样，企业应该统一部署，而不是在投资零星的数字化项目。如果企业希望（也应如此）通过投资自动化来获得竞争优势，那么应从战略角度出发，全面实施及进行持续管理。这意味着智能自动化项目的优先级只能由最高管理层来决定。如果资金决策需要企业最高领导层做出，那么最高领导层必须参与进来，了解并帮助其他人了解智能自动化如何让企业实现目标，以在不断变化并始终具有挑战性的市场中成长。

因为智能自动化应该是一个企业层面的战略，所以高层管理人员都倾力支持自动化是特别重要的。企业不应离散地应用自动化——这里是预测模型，那里是虚拟代理或者聊天机器人。管理者应该在企业层面上制定战略，并考虑如何在各业务条线、项目、运行支持、基础设施、数字、安全等方面引入和拓展自动化。管理者的职责是制定战略、在组织内部沟通，并保持进展。

本章强调了一些战略的关键点以及有关智能自动化的战略意图。最重要的是，一切都从企业的战略意图出发。为了使智能自动化能够带来竞争优势或变革性影响，它必须直接支持一个重要的差异化点。在战略目标的指导下，自动化可以为企业的业绩创造奇迹；反之，可能只是白白增加了管理开支。

一个企业应该从这个问题开始：哪些智能自动化措施可以更好地帮助本企业实现自身想在市场上获得的竞争定位？但企业也需要在其他层面进行战略思考。管理人员应对未来的自动化旅程有一个长期的规划，并通过投资项目组合建立一个由不同系统构成的浑然一体的环境，智能自动化就会成为企业持续竞争力的源泉，并助力企业在未来获取成功。单个的解决方案在周密的计划、有保障的资源，以及清晰目标的指引下，才能获得最高回报。

本章要点

- 任何智能自动化尝试都应该与企业的战略协同一致，专注于解决那些对企业成功有真正影响力的问题。

- 项目应该融入企业为提升智能自动化能力而提前规划好的战略。早期的尝试应该为后面夯实基础。

- 在单个项目层面，自动化举措也需要一个战略。设定激励性目标并将其转化为明确的时间表。

- 由于战略会随着条件的变化而不断变化，因此必须有一个流程来定期审视和更新企业的智能自动化战略。

第4章

选择起点及设计旅程图

几年前，我们认识的一家大型企业的首席信息官（CIO）在寻求提升自动化对其业务的影响。

在一系列大大小小的收购案中，出于各种原因，总部职能部门回避了融合业务部门这一复杂挑战，结果是一些分散的业务单元独立运作。由于业务单元之间几乎没有沟通，因此，不同单元的业务人员和 IT 人员都在另起炉灶。

像许多 IT 高管一样，首席信息官也试图清晰地了解实际所发生的情况，同时他也知道，一定有很多机会帮助那些乏味的、及易出错的程序实现自动化。在这个新的数字化时代，我们需要更多的机会来实现自动化。在这个新的数字时代，首席信息官希望将 IT 运营部门从传统的成本中心，变成一个商业价值驱动的部门。为此，首席信息官与最高管理层的其他成员进行了若干对话，以弥合 IT 战略与企业整体业务战略之间的差距。

为了提高应用程序的稳定性和运营效率，该首席信息官所在的公司进行了一次自动化评估，以帮助确定实现业务目标的最大机会。某些工作因为具有协同潜力而被列为优先事项。评估结果表明，有可能减少常规业务中出现的45%的事故量和高达60%的工作量。该公司还可以节省大量软件工具许可证的费用，实现99%的业务运营稳定性，在与客户达成的服务水平协议方面，则可达到98%的合规性。

这些都是节约成本的举措，对于传统的成本中心来说，这可能是个好主意，但请记住这个首席信息官希望借此为企业创造价值，所以他对公司的业务流程进行了详尽的评估。他将利益相关者、行业专家和技术架构师聚在一起，试图在企业层面消除冗余的工作，精简关键的活动，并提高每个流程创造商业价值的潜力。

在建立了一套更精简的业务流程后，他与自动化架构师和集成工程师合作，将公司40%的业务操作自动化，从而为公司带来了巨大的价值。从那时起，为了与不断向前推进的技术环境保持同步，首席信息官不断地定期重新评估自动化前景。这是一个持续改进的环境，人们已经习惯于以积极主动的方式面对技术浪潮。

一开始，很难知道从哪里开始以及如何开始。事实上，这对许多公司来说都是一个重大挑战：确定哪些要最先自动化，接下来哪些要自动化，以及随后哪些要自动化。在一个预算资源、IT组织能力和管理注意力都很稀缺的环境里，必须有一种合理的方式来做出这些决定。

这位首席信息官的公司是一个很好的例子，该公司有许多难以抉择的商机及大量分散的智能自动化解决方案，但对其投资是否与战略优先事项相一致却缺乏统一协调或者信心不足。只有集中的协调一致的领导力，智能自动化才可以为传统企业带来奇迹。

今天，大多数企业都在其组织内进行小范围的技术创新部署，而没有一个将这些技术创新扩展到整个企业的愿景。它们可能在追逐令人兴奋的可能性、证明相关概念、鼓励人们参与到多个层面的试点活动中，但并没有管理或监测这些举措的总体影响，或者根本没有支持跨项目的共享学习。

很多时候，团队在扩大规模时遇到困难，因为他们一开始没有明智地审视机会，也没有把精力集中在最好的机会上，缺乏高屋建瓴的商业优先级指导，他们的项目很难实现"1＋1＞2"。在某些情况下，这些项目收益欠佳，因为团队把精力花在了一开始就没有被很好设计的自动化流程上。

如果一个管理团队有实现智能自动化潜力的强烈愿望，就需要一种由数据驱动的识别机会的方法，这个方法既是定量的，也是定性的。这将有助于锁定那些既具有高价值的商业影响力，也与企业当前的自动化成熟度相匹配的机会。

高管们首先要问：从以业务为中心的角度来看，什么会对自动化产生最大的影响？其次要问：考虑到开发和部署解决方案的能力，什么形式的自动化是可行的？通过回答这些问题，可以制定出一个体现了有价值的自动化旅程的自动化计划，并随着能力的增加在未来不断为更大的自动化成功积蓄力量——先部署什么最有意义？下一步呢？

本章将依次讨论这些问题，并分享在许多企业行之有效的方法。第一，涉及识别那些有价值的备选流程，因为它们对组织的业绩至关重要，而且它们涉及重复性、常规性的信息处理任务。第二，要求对企业的自动化成熟度进行清晰的评估，据此采用不同复杂程度的自动化。第三，为以富有成效的顺序开展行动构建一个路线图，后面的每一步都是建立在此前基础上的。这有助于企业稳步发展其智能自动化能力，实现企业的最大利益。

识别机会：哪些能产生最大影响力？

第 3 章讨论了将战略与商业优先级结合起来的必要性，现在从一开始就来认识自动化是如何使企业更为成功的。

是通过创造新的产品和面向客户的能力来提高营业额吗？还是通过提高现有流程的效率和应用自动化来减少高成本的人员投入？智能自动化是更快速度、更低成本或更好服务的解决之道吗？如果事先明确了这一点，就可以将潜在用例对照当前的企业战略进行规划并确定具体机会的优先次序——无论目标是追上对手还是获得超过对手的新竞争优势。

以一家豪华汽车制造商为例，智能自动化努力背后的主要商业目标是主动采取措施防止停工，从而提高生产率。每个项目都会涉及成本，所以当务之急是查看预期的投资回报率。任何自动化都必须有一个商业案例，包括财务回报的考虑以及更广泛的商业价值考虑。

将战略业务目标转化为自动化举措意味着对业务流程的关注。通常不难发现，劳动密集型工作流程似乎对自动化解决方案的需求更为迫切。在业务流程密集型行业中，一些流程例如抵押贷款处理，是不值得自动化的，至少不是按现状自动化的，它们往往需要被优化，有些甚至单纯需要被删减掉。当工作转向识别需要自动化的工作流程时，我们通常使用一个框架：消除和优化，然后才是自动化。这是一个简单的口号，但同时也很重要，值得花费一些笔墨来解读。

消除那些不必要的

让我们从那些应该被清除的工作开始。并不是经理们发现某项工作只需要雇员做单调的重复，就必然意味着需要采取自动化解决方案，可能是这项工作压根就没有存在的意义。

本书的读者如果已经接受过管理技术，如"精益过程改进"或"六西格玛缺陷减少"方法论的培训，都会意识到这都是这些方法论中的常见问题。[1] 典型的是员工做了很多不必要的工作，如果有人停下来问一下："我们为什么要这样做？"就会发现其中一些工作是可以避免的。

以一家大型银行的 IT 业务为例。像其他银行一样，这家银行的系统包含批处理应用程序，该程序在一天结束的时候会更新信息、生成报告、打印文件，以及完成必须在某些业务期限内确保完成的其他非交互式任务。它每月执行的批处理作业超过 75000 个。但它正经历着非常高的故障率，这需要熟练的 IT 专业人员的人工干预。

考虑到故障的类型包括在特定的业务和数据条件下发生的多种重复性故障，似乎有必要研究一下如何将这些专业人员所做的各种修复工作自动化。事实上，银行已经在这条道路上走了一段，追求各种形式的"下移"功能，就是说让低级别的服务人员（而不是让组织结构图上位于他们之上的更专业的人）有可能来处理相关问题。下移的调整往往涉及更新标准操作程序（SOPs），并将其提供给一级（L1）IT 服务团队。

但这并不是一个完备的或最好的解决方案。更需要问的是：是什么导致了这些故障的发生？事实证明，代码在各个方面都有缺陷。在许多情况下，一个简单的代码修正就可以消除上游的故障。在四个月内，项目组能够应用250个永久性修复，这使生产中的事故减少了46%，同时也减少了对熟练的 IT 人员的时间消耗。如果问题没有发生，就没有必要将这些修复工作自动化。

这个例子告诉我们，消除不必要的工作更具价值，而不是将其自动化。它还展示了如何做到这一点，通过深入研究貌似适合自动化的那些高发问题的根本原因，即"根本原因分析"，它是发现导致效率低下问题原因的最好方法。[2]

在 IT 领域，许多不必要的流程和工作源自传统生产环境中积累的技术债务。软件开发人员在紧迫的期限内，以打补丁的形式对系统进行改进，而很少去重新审视基础代码。因此，系统逐渐变成了拜占庭式的结构，充满了冗余、僵尸代码和过时的代码。在最小的应用合理化和性能调整的努力下，随着时间的推移，债务不断积累，导致维护工作和成本的增加——就像许多国家的国债一样，似乎只会随着时间的推移而增加，而不会减少。很多时候，提高效率的最佳途径并不是直接将大量工作任务自动化，而是努力厘清这些盘根错节的工作任务。

在 IT 领域，成功的智能自动化的例子比比皆是，但几乎没有尽头。想一想最近发生在印刷媒体世界里的一次转型。传统上，许多出版商都一直依赖于广告收入。从最早的报纸开始，它们就把印刷广告放在文章旁边，给读者带来了注意力分散的困扰，并影响了整体阅读体验。这种情况已经延续到了数字世界，尽管广告商将预算转移到搜索引擎上，但是内容出版商依然在继续使用嵌入式广告。

然而，借助新的自动化技术，通过精准投放内容，报纸的游戏规则正在发生改变。那些与受众最关注的内容距离较远的广告，通过与消费者的特定地理和人口相匹配来弥补这一缺点。这使得当地餐馆可以在全国性报纸上做广告，向其所在地区的家庭发送节日优惠。而且，由于这些广告是以报纸插页的形式出现的，避免了邮寄传单的成本。这些创新为纸媒公司带来额外的收入来源，并有助于应对数字出版商在电子屏上投放定制广告所带来的威胁。

与此同时，印刷出版商正在利用自动化技术来简化核实和报告发行量的过程，这些信息对于销售和销售预测至关重要。流程自动化产生的数据采集，消除了层层的手工数据收集和分析。大量有关出版内容、发行收入和广告收入的庞大历史数据资源可用来支持对未来一些当地事件的预测，如当地球队参加冠军赛或即将到来的地区性节日。

我们最喜欢的一个案例来自我们服务的一个客户，该客户曾经有一个需要 17 天才能完成的月度流程。这是我们正在考虑进行自动化的众多流程中的一个，并且考虑到其与许多其他应用程序的相互依存关系，需要花费相当大的精力来改造和优化这个流程。但是梳理了一遍候选名单后，客户暗示这是一个非常老的应用程序，可能并没有多少用户。我们打开用户记录，发现这是正确的：事实上，在过去的 6 个月里没有任何用户访问过该应用程序的数据。我们在一周内做出停止使用该应用程序的决定，正如再造工程大师迈克尔·哈默（Michael Hammer，美国管理学家）曾经说过的那样：不要自动化——废除！更重要的是，这一事件让我们的客户更加关注技术债务及在这方面的努力，通过在这方面的努力和对其他应用程序的性能进行的 150 次调整优化，在实现任何自动化之前，批处理窗口时间就已经在总体上被削减了 30%。

优化流程

如果说一组工作步骤不能被消除，那么它就是必须要执行的。很有可能它不是下一步要实现自动化的候选流程。该流程还存在但处于次优状态，它可能有多余的步骤或弱点使其很容易失败。

要优化一个流程，第一步是绘制它。如果一个团队从来没有这样做过，可能计划从小而简单的流程开始——即使如此，也可能会面临很多意外。一个看似简单的流程，实际上充满了例外和特殊用例，所有这些都必须被预见到和记录下来。即使团队成员之前绘制过流程图，但这一次的目标是识别自动化机会，这将带来额外的复杂性。

一个重要的建议是，绘制流程时不要简单地根据操作者的逻辑描述，而是要观察行动中的流程。令人惊讶的是，在人们声称要遵循的官方流程和实际使用的非官方流程之间，往往存在着实质差异。在勾勒出观察到的步骤后，重要的是带操作者多走几遍流程，反复检查这个过程，并再次回过头来看看操作者是否真的按这个顺序来完成这些步骤。流程图文件应该被反复修订，直到它能真正反映出现实。流程自动化的任何选择都应基于人们在实际工作中如何操作，而不是基于某个经理以往认为员工应该遵循的理想化的流程。

一旦这个流程被准确地描绘出来，并假设发现所有或部分的流程可以由智能机器来处理，现在就是时候面对这个问题了。这个流程是否值得自动化？它是否值得照原样进行自动化？是否需要在实现自动化之前重新设计该流程？回顾一下第 2 章中提到的观点：一个设计得糟糕的流程会给自动化带来障碍。一旦移交给机器，它只会沿着错误的路线越走越远。自动化不能成为糟糕流程的创可贴。它不应该被应用于一个平庸的工作流程，并期望产生效率上的胜利。

如果该流程虽然值得进行自动化，但不能按原样进行，则可以采用一种经过验证的方法，例如精益流程改进，可以将其变得更好。鉴于所见所闻，团队应该考虑是否可以通过识别瓶颈和其他流程中的有问题的步骤来将流程变得更好，解决这些问题将对简化流程大有裨益。简化也来自于识别流程中可以提速，或以一致性而不是线性方式执行的部分。将精益原则应用于某一过程，也意味着将重点放在合并或削减那些只会减速的过程步骤上。

所有这些都应该在业内/主题事项专家的参与下完成，也就是那些非技术性的、业务方面的流程的持续使用者。团队已经与他们反复合作从而绘制出现有的流程图，现在可以再向他们介绍修订后的流程图，征询他们的反馈，并再次迭代升级，使其更加完善。对于这些专家来说，流程文件的最终版本应该是新的标准操作程序（SOP）文件的基础，可以用来培训未来的新员工。请注意，目前还没有涉及自动化。首要任务是确保流程有效地完成其目标。在消除不必要的步骤、简化流程后，焦点才应该转向将部分或全部流程自动化。

但请记住这个流程依然存在不应该被自动化的可能性，有各种原因导致一个流程可能不是自动化的好选择，尽管乍一看可能是。它可能有许多小的过程步骤或涉及较高的复杂性，以至于需要花费大量时间来实现自动化，但回报率却很低。也可能在研究过程中，发现自动化部分只需要每月发生几次，因此这并不能节省员工的时间。这就是为什么最初寻找自动化应用的时候应该是宽泛的，因为它们不可能都会成功，即便如此，这种尝试还是很有价值的。任何关于流程图和细化的工作都会使员工的工作更加有效，对从事这项工作的人来说也不那么繁重。

工作自动化

只有在一个团队改进了流程之后，才应该着手进行自动化。我们将讨论一个非常重要的任务，即在已经确定的流程中排列优先次序。现在，我们假设特定项目的工作正在进行中，在这一点上，出现了两个基本问题：是全部自动化还是部分自动化？自动化解决方案应该有多简单或多复杂？

当然，流程是由单个任务组成的，这些任务或多或少都可以实现自动化。只有一部分流程被自动化也很常见。虽然复杂的智能自动化可以优化高度复杂的流程、做出决策、自我纠正，甚至理解语境，但有些任务仍然需要依赖于人类的判断，因此即使是最先进的自动化也无法与之兼容。

以纽约梅隆银行为例，其已经在业务中部署了数百个机器人以提高效率和减少代价昂贵的错误。例如，通过机器人助理们减少了由员工识别和处理数据错误的时间，带来了银行关键支付处理流程的提速。然而员工仍在原来的职位上，处理那些必须要发挥判断力的例外情况。[3]

找到流程中可以由智能自动化和人工智能轻松处理的活动，取决于对不断发展的解决方案可能性的认识。很快就可以明确的是，市场上有一系列技术产品，从非常简单到非常复杂的都有。

在我们自己的工作中，我们发现可以将根据解决方案的应用是否简单、涉及中等复杂度或涉及高复杂度，分为以下三类。第一个简单的解决方案通常需要改变流程，但除此之外，其现有的质量会使其实施起来比较直截了当；第二个中等复杂度的解决方案需要使用机器人流程自动化或其他自动化方法构建一个定制化的解决方案；第三个高复杂度的解决方案需要整合两个或更多预先存在的系统，它们本身就很复杂。

一个特定的团队应该朝哪个方向前进？很明显，如果有选择的话，应该选择最简单的解决方案，因为破坏性较小并可以利用现有的工具和技术来设计。但这并不意味着要回避那些复杂程度高的项目，这些项目将以一种富有成效的方式挑战组织，并建立其自动化的能力，以产生更大的影响。

明智地做选择

一般来说，那些面临自动化机遇的应用会有一些共性：它们可能需要频繁手动更新、快速扩展、数据提取，或高度个性化。

如果一个应用程序依赖于数据，那么它就是人工智能的一个自然候选者，例如机器学习的自我进化。企业管理层应抵制为太多项目开绿灯的诱惑。企业不应该迷恋新兴技术，以至于为了自动化而投资自动化。需谨记，一个流程是重要的且可以被自动化的，并不意味着它必须在高层次上实现自动化。

例如，我们听说一家连锁餐厅正在探讨用人工智能的聊天机器人来收集顾客的反馈。毋庸置疑，复杂的聊天机器人当然可以做到这一点。但许多餐馆有一个装在移动设备上的应用程序，可以在顾客用餐后将移动设备递给他们，请他们提供反馈意见。如果这个应用程序能很好地完成任务，还需要聊天机器人吗？

这里的关键是寻找摩擦点，经常性任务的性能改进将对商业成功影响最大，因此，在此处使用自动化资产和工具将是最有价值的。例如，一家汽车制造商收到了客户的投诉后，发现产生投诉的一个关键原因是回应客户问题所需的时间太长——这就是一个实现自动化的好机会。在实施了一个自动化应用管理解决方案后，这家汽车制造商回应客户问题的解决时间减少了50%，投诉也减少了20%，这提升了客户满意度，并大幅减少了摩擦的升级，不至于再惊动首席信息官级别来协调。

有时这些摩擦点可以通过数据分析来发现。使用趋势、文本分析、网络分析、社交媒体分析、预测以及其他方式进行深层分析，可以提高洞察力，以驱动更多的自动化和优化的机会。这带来了一种科学的、数据驱动的方法，是对以往基于访谈和问卷调研的传统方法的提升，更不用说它建立了一种方法来跟踪解决方案实施后对企业的实际影响。

应该根据潜在影响力来选择最优秀的候选项目。同样，一个好的流程改进方法，例如精益管理或六西格玛有助于指明方向。使用六西格玛的"因果矩阵"进行分析，可以显示出根据标准应优先处理的因素，包括频次、自动化所需的努力、对业务的重要性以及潜在的时间节省。一旦为这些因素分配了数值，就可以简单地使用矩阵来计算总数，并确定潜在的自动化项目的优先次序。

另一个在候选项目中确定优先次序的有用工具是图 4.1 所示的矩阵。它要求绘制出每个项目在网格上的位置，首先要考虑的是它的相对复杂/复杂度（建设难度），其次是它对企业的相对重要/影响力。那些复杂度低且影响力很高的项目，位于右下角的象限内，例如"速赢/高投资回报率"。同样，具有较高影响力但复杂度高的项目在右上角象限，而且更有可能代表战略重点——不仅因为它们的复杂性会带来更高风险，还因为在这个领域的成功将更有可能带来更持久的竞争优势。

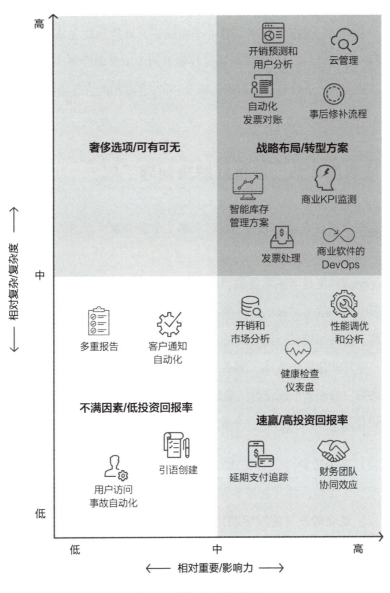

图 4.1　确定优先级的矩阵

在图 4.1 所示案例中，一个 IT 服务集团对其所识别的机会在矩阵中进行了分类。它现在将着手创建一个路线图，设想如何完成多个高复杂度/高影响力的项目。组织可以通过权衡下列因素来确定解决方案的优先级，如建设的复杂性与积极影响，以及控制/管理的能力与负面影响。

成熟度评估：准备好解决问题了吗？

在选择智能自动化的切入点时，第二个要着重考虑的因素是一个组织的自动化成熟度水平。

了解成熟度是至关重要的，因为人们处理一个项目的能力在很大程度上影响其风险与回报情况。换言之，也许一个想法有巨大的潜力，但组织能不能贯彻到底？是否真的有经验和技能，以及资源和基础，将其作为一个自动化解决方案？哪些基础能力已经存在？在选择相互竞争的项目之前，管理者应该花时间确定组织目前在自动化方面的成熟度指数。

记住第 1 章所提到的，企业会经历五个基本阶段：

（1）**基础阶段（工具驱动）** 这个层次的自动化更多的是以个人为中心的、孤立的，并且有提供点状解决方案的一些零散工具。

（2）**优化阶段（流程驱动）** 消除流程中不必要的步骤，并优化和改进流程。

（3）**效率阶段（RPA 驱动）** 重点关注可以在自动化过程中获得"速赢"的所有重复性任务，并建立和稳定所有基础性活动，这些是数据驱动和智能自动化的前提条件。

（4）**预测阶段（数据驱动）** 将焦点从减少成本转移到提升效率和差异化体验。下一个重要步骤是，从数据中获得洞察力和情报，以推动自动化增强业务的敏捷性和可预测性。

（5）**智能化阶段（AI驱动）** 允许机器感知、理解、行动和学习。人工智能可以使自动化超越那些仅仅是基于规则的工作，直接进入我们目前认为总是需要人类判断的领域。

自动化成熟度评估本质上是一种基准练习，企业将自己正在做的和能够做的事情与同业其他企业的情况进行比较。自动化成熟度评估需要确定一家企业当前的人工智能和分析能力，然后做一个能力和差距分析。坦率地讲，大多数企业都高估了自身的成熟度，因为它们并未完全充分了解人工智能所带来的优势，如决策、发现创新机会，以及创造自我进化的能力。值得思考的是：企业如何发挥这些优势，差异化地发展自身？而这一愿景与企业目前的发展情况有多大不同？

由于大多数人对零售业很熟悉，因此让我们以零售业为例，来想象不同成熟度的组织可能会实现部分业务的自动化。一家具备基础自动化的零售企业可能是一家正在运行基本电子商务的公司。这意味着它有包括界面设计和订单流程自动化的基本能力，以及要管理大量的交易数据。而另一家成熟度水平较高的零售商可能正在将机器人流程自动化应用于其运营的各个部分，例如检查库存水平并准备向供应商发出常规订单。一个更高成熟水平的零售组织则会通过分析来预测新产品上市的需求，以支持其销售人员更好地做出决策。

现在某零售商想要将其成熟度水平提升为应用智能自动化的阶段。这个零售商可能会在其在线客户界面上添加一个聊天机器人，能够关注客户的忠诚度和生命周期价值的重要性，为客户的问题提供解决方案。最终，在最高级的自动化成熟度水平上，一个领先的零售商会在其智能自动化中注入人工智能能力。一种可能性是，它可能将机器学习整合到网络安全防御系统，允许自动检测和应对黑客使用的新方法。

然而，需要着重强调的一点是，这个例子强调的是技术解决方案，然而一个组织的自动化成熟度不完全取决于其技术能力和过往业绩。为了全面了解成熟度，管理者也需要考虑其他因素。他们需要将数据评估、流程评估和文化评估相结合，这些因素共同决定了自动化成熟度，并反映出在满足业务目标和优先事项方面的差距（见图4.2）。

图4.2　自动化机遇识别评估的组成部分

如果你考虑将多种评估按照这些思路结合起来，就有可能想象出创建一个自动化成熟度指数。将所有这些评估与适当的权重结合起来，不仅可用于对整个组织进行评分，也可以对其中的任何流程或子流程进行评分。纵观不同的行业或技术群体，人员、流程和技术参数的权重无疑会有所不同。这表明对一个组织所在的行业内制定基准是有价值的，因为这将显示，这个组织与相关度最高的自动化领跑者之间的差距，以及达到其目前成熟度需聚焦的领域。

评估内容包括组织的人员、流程和技术方面，以发现和设计一个可持续的和不断发展的自动化生态系统。这有助于回答一个重要问题：组织在自动化旅程中处于什么位置？组织在自动化旅程中了解自身所处位置非常重要，可以通过使用一个参考框架，如成熟度框架或一个量化指数来确定基准和基线。一旦组织知道自己的位置，它就可以很容易地绘制出并按照路线图实现想要达到的目标。

这需要循序渐进地努力，特别是每个解决方案实施后都会建立起成熟度，并促使进一步的解决方案成为可能。例如，一家金融服务公司使用智能自动化来提升其电子邮件营销的效率，并根据反馈修改目标定位和传递的信息，以实现更高的点击率。这一成功创造了另一个数据来源，可以利用它来解决一个后续的问题：客户在收到在他们看来过多的电子邮件后，选择了取消订阅。这家金融服务公司开发了算法来预测，在客户取消电子邮件订阅之前，可以向其发送多少次关于其他产品或服务的电子邮件？任何组织都是如此：当沿着这条路走下去时，它们时不时需要根据条件变化，重新评估自身所处的位置。企业应该经常重新审视它所选择的举措是怎样的，应该怎样构建以及按顺序完成。

绘制路线图：迈向最大成功的路径是什么？

在确定了各种有价值的机会，并对企业的自动化成熟度有了较为完善的认识后，就有可能制定出路线图——或者可以称之为蓝图——可以想象从现在所在的位置到未来某个日期位置的旅程（见图4.3）。我们应该先做哪个项目，应该以什么样的速度前进？路线图也会建议自动化的步骤、路径和部署策略。这是一个自动化的长期旅程，一切都应该在正确的时间以正确的方式自动化，以便为业务目标提供最佳服务。这也是一个用深厚专业知识培养新的 IT 技能的过程，以一种结构化的方式发展这些技能，并创造自动化优先的文化。

在一家汽车制造商的案例中，自动化路线图描绘了一个清晰的、合乎逻辑的旅程。通过自动化，汽车制造商将在销售、生产、物流以及财务部门引入数以百计的应用程序。

请务必用一种方式来追踪他们是如何获得成功的。重要的是，从一开始就建立基线，以便能够衡量自动化的投资回报率。在这家公司的案例中，事先了解基线使其能够显示出显著结果，例如客户投诉减少了20%，一个自动化应用管理解决方案将客户投诉的解决时间减少了50%，借助于更好的开发流程和智能自动化，需要首席信息官解决的问题大幅减少。

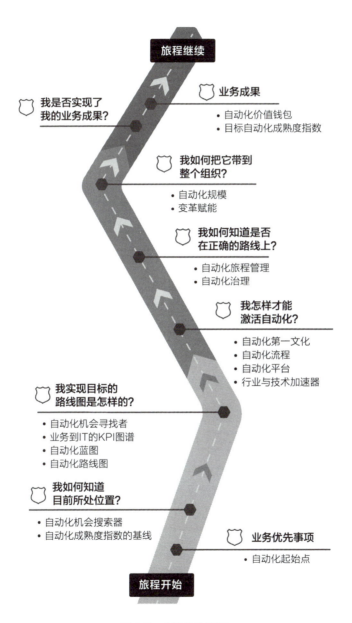

图 4.3 自动化路线图

在两个层面上勾勒出路线图：业务成果的进展，以及在企业中实现更高自动化成熟度的进展。对这两方面的进展都要了如指掌并仔细考虑一系列立竿见影的措施，随之而来的是跨越不同流程、工具和技术的后续机会。实现业务成果之旅通常是一个三阶段的结构。

第一阶段：建立。评估自动化潜能并确定整个企业的试点流程，以实现特定的应用/解决方案。

第二阶段：扩展。开发、部署和扩展解决方案。

第三阶段：运作。扩大地理覆盖范围以充分实现价值，基于所学知识重新审视长期自动化战略。

与此同时，路线图还应该将自动化旅程作为一系列步骤来规划——从企业所处的成熟度指数到将来更高的自动化成熟度水平。除了业务成果之旅的前三阶段，路线图应该预计到"第四阶段"。这应该是一个从当下的自动化环境现状到所展望的未来几年环境的路径。

设计思维研讨会或其他形式的协作性头脑风暴会议对于创建自动化路线图或蓝图大有裨益。"设计思维"这个词指的是一种管理思维的活动，通过这种活动，现代工业工程的原则如可用性设计，已经从诸如手持设备和厨房用具等精致消费产品，转化到商业竞争的其他方面，诸如客户界面和商业模式。

面对任何类型的问题，设计思维从以人为本的理念出发，抛开基于过去如何解决问题的限制性假设，最终达成创新解决方案。通过遵循一个完善的设计思维方法，一个研讨会可以有效地设定一个积极的、创造性的基调，并提供一个统揽全局、以价值为中心的舞台来想象和探索机会。促进设计思维完善的方法可以提高人们对商业结果而不是技术障碍的关注，强调机会而不是缺点，并鼓励人们的创新愿意和支持创新文化，而不是安于貌似风险较小的现状。

鉴于首席信息官肩负着应用 IT 技术实现企业目标的重大职责，拥有一个自动化路线图对首席信息官来说是非常有用的。从首席信息官的角度来看，一个企业由多个方面构成，如业务线、项目、运行支持、基础设施、数字、安全等。自动化必须在所有这些方面进行扩展。企业需要一个全面的路线图来管理这种复杂性并推动自动化的速度和规模。路线图使一个企业能够更全面地推动自动化。

在过去的几年里，我们看到企业碎片化应用自动化，例如在客户服务中使用虚拟代理、人力资源机器人，以及其他领域的预测模型。为了释放自动化的全部潜力，重要的是要在整个企业内基于企业层面的视角应用自动化。

研究、制定战略、解决问题

本章一开始就强调要谨慎地选择出发点，不要在不相干的领域进行拼凑式的投资，但这并不一定意味着要承担的自动化项目总数会减少。事实上，有一个合理的方法来选择创新项目，从长远来看这为更多项目铺平了道路。

我们看到领导者更早地采用带来更大影响力的解决方案，根据这些解决方案产生的回报更频繁地进行再投资，以及以更快速但也更谨慎的方式获取技术。例如，上文提到的那家汽车制造商为其智能自动化工作设定了优先级，鉴于其目标是大幅减少生产停顿，这家汽车制造商很快就明确了公司的许多部分可以成为解决方案的一部分，并有潜力实现某种程度的自动化。最终，它的自动化路线图涵盖了数以百计的应用，涵盖了销售和财务的许多领域，以及预期生产和物流运营。

　　关键是要研究、制定战略和解决问题。一个团队应该如何寻找和评估自动化机会？它应该从收集尽可能多的关于现有流程、系统和数据的信息开始，然后明确整体业务的优先级，再进行研究、制定战略和解决问题——也就是说，团队应该从数据分析和基准测试（benchmarking）中产生洞察力，识别自动化的良机，并进行战略调整，根据业务影响力确定哪些机遇应该被优先考虑，然后根据企业开发和接受新技术的能力设计具体的自动化解决方案（见图4.4）。

研究

　　研究现有的自动化环境并识别机会。这里的问题是：有哪些可能？对于这个问题，可以使用评估和分析等自动化机会识别方法，来确定自动化在哪些领域对生产效率会产生重大影响，并发挥人们的才能，从而实现新的价值创造和增长。可以使用成熟度模型来衡量企业开发复杂解决方案的能力，其结果是一套以业务为中心的自动化理念。

制定战略

　　设计面向未来的自动化环境，并确定机会的优先次序。这里的问题是：哪些机会是最适合探索的机会？可使用路线图练习，利用脑力激荡/设计思维工作坊来了解业务目标并策划出实现这些目标的最佳步骤，决定哪些要自动化，以及如何自动化。

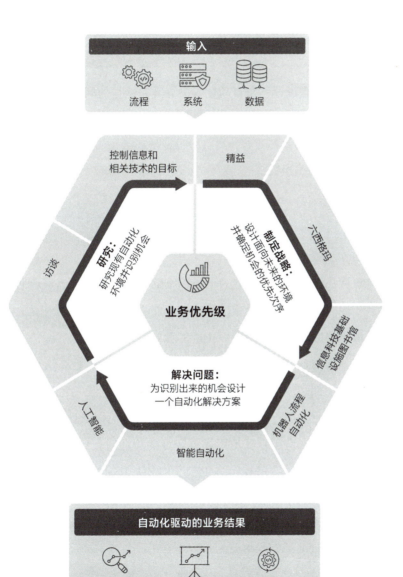

图 4.4　识别和评估自动化机会

解决问题

为确定的机会设计一个自动化解决方案。这里的问题是：怎样才能最有效地执行计划？目标是有效并高标准地开发和部署路线图所规定的解决方案。

小结

本章旨在解决所有大企业目前所面临的问题：企业应该实现何种自动化，才能对业绩产生最积极的影响？企业需要一个严格的过程，以便专注于最重要的自动化举措并以正确的顺序推进。

值得一提的是，自发试验和"百花齐放"的形式是有道理的。并非所有的事情都必须符合一个预先设定的战略。

看看试验主义最近如何帮助达美乐比萨实现成功转型的例子。该公司承认，几年前在应用程序上引入语音订购功能时，冒了很大的风险。但正如首席执行官帕特里克·多伊尔（Patrick Doyle）解释的那样：这是很值得的："我们从根本上相信，语音是人们与技术互动的一种更有效和高效的方式……我们如何与技术互动，将随着时间的推移而不断完善。但我们需要进入这个领域并开始学习。"[4]

想象一下，一个电工为客户安装了一个新的小工具，例如一个视频门铃。如果她没有想出一个办法要将它与家里的其他设备连接起来，如安全系统或家人的手机，就不可能获得一个真正的互联家庭的好处。

类似情景也存在于全球组织中，甚至更为明显。首席信息官、首席发展官和首席执行官们了解技术对其企业战略和增长的重要性，因此在每个行业中，他们都在采用能催生新能力的技术。尽管这需要大量投资，许多人依然尽力在全公司范围内进行创新转型并实现其潜力。然而，他们经常追随潮流，将技术作为单独的点状解决方案，却没有勾勒出一个关于技术如何相互补充的愿景，也没有制订一个计划来培养企业系统，结果是，当一个可能改变规则的创新出现时，他们不能有效地进行推广。

为了避免这个问题的发生，最好从三部分着手：消除、优化和自动化。首先，消除不必要的工作，通过根本问题分析，永久性地消除一些问题和低效率。然后，通过引进资产和工具，来优化执行重复性任务所需的努力。由此才开始依照整个工作周期的优先次序，部分或者全部地开展智能自动化活动。通过消除经常发生问题的根本原因，永久性消除一些问题和低效率。一个典型的结果是事故的减少。通过引入资产和工具，优化执行经常性任务所需的努力。一个典型的结果是更快的流程执行。使用智能自动化和人工智能，全部或部分实现生命周期活动的自动化，以推动生产率的提高。

安波尔的智能自动化之旅

澳大利亚领先的运输燃料供应商安波尔（Ampol），采用了以业务为中心的自动化方法，利用机器人流程自动化，并结合光学字符识别、人工智能和其他形式的智能自动化来实现整个企业的业务流程自动化。

业务流程自动化经常被认为是人力劳动的低成本替代方案。安波尔发现通过重新设计流程，业务流程自动化技术在执行一些人力根本不可行的事情方面也具有重大价值，这包括：

- 在多个系统中实时复制其定价，准确率达到100%。
- 在承担大型新客户的调度工作方面，远远超过人力的能力。
- 7×24实时监测欺诈行为。

该自动化实践使用敏捷测试和学习流程，来确定每个自动化项目是否适合自动化以及是否准备好进行自动化。它以可控的方式实施重新设计的自动化流程。这涉及技术在一段时间内被人类团队当作"实习生"，以确保其有效地工作，然后再自主运行。这种方法会产生较高的自动化成功率，以及真正的、可衡量的价值实现。

机器人农场由一个智能自动化层管理，机器人自动化过程以脆弱闻名，容易因周围环境的任何微小变化而失败。智能自动化层对农场进行持续监控，帮助机器人操作，监测过程中的错误，并对已知解决方案的常见错误进行自我修复操作。

机器学习算法能预测自动化过程的运行时间，既允许进行更有效的调度，又可以提醒异常的运行时间，以便调查。错误被捕获并自动拍摄屏幕截图以激活支持性解决方案，或确定脚本升级，以处理不太常见的情况，并在过程中建立弹性。这些措施使机器人的弹性和可靠性显著提高，需要人工干预的流程故障减少了40%甚至更多。

展望未来，安波尔预计会将智能自动化的使用扩展到整个技术领域，充分利用已经开发的监测和自我修复能力，并使用区块链以防篡改，以提升其IT运营的可用性和效率。这将提高业务服务的可用性，并大大降低维护和建设活动的成本。

本章要点

- 在应用智能自动化方面存在如此多的机会，组织必须通过合理的方式来选择它的出发点。

- 最好的"下一个项目"将是处于组织的优先事项和其准备情况的平衡点的项目——组织最需要什么解决方案，以及它最有能力实施何种解决方案。

- 什么问题对组织最重要？答案来自投资回报率分析，不仅要考虑成本节约，而且要考虑营业额收益。

- 组织的智能自动化人才准备解决什么问题？要明确这一点，一个组织应构建并追踪智能自动化成熟度模型的进展。

第 5 章

制订一个计划

在做出战略选择并制定了路线图后，一个自动化团队希望迅速进入执行模式是可以理解的。然而，有一个关键的步骤不应该被忽视。自动化团队需要制订一个囊括整个项目组合的计划，并思考如何确保自动化措施成功所需基本要素到位。归根结底，自动化努力要实现总体效果大于局部效果之和。

这是自动化运营模式概念发挥作用的地方。许多读者都听说过运营模式这个词，它可能会让人困惑，所以我们简化它的含义：运营模式只是一个说明如何以高质量的方式，一遍又一遍完成工作的有组织的模板。它确定了所有应该建立的要素，如果目标是要在某个领域拥有持续的能力，而不是通过单一举措获取一次性成功的话，它还要负责妥善管理及协同工作。

成功的智能化运营和治理的关键在很大程度上取决于企业领导人是否积极参与。一个企业建立一个自动化的运营模式，其目的也并非仅仅消除一些孤立的自动化试点和点状解决方案，而是生成多个甚至无数个不同的项目。企业投入时间和精力来勾勒出一个运营模式，是其认为通过持续地采取相关措施并允许借鉴其他项目的经验，可以获得更多收益。

运营模式中的一个简单例子是一个跨越业务部门、不同组织实体和生态系统伙伴的综合模式。让 100 个不同的项目团队来研究如何与业务模式保持一致，并在同一组织内或者与同一批供应商达成性能指标是否有意义呢？这方面的工作最好在整个企业内以同样的方式完成。更好的方式是，运营模式可以由一个专门的职能部门或组织来管理，它们不仅拥有专业经验，对当前业务优先级和组织模式有所了解，而且能利用所经手的所有项目的综合需求来达成更有利的条件，还能建立更富有成果和具有协同效应的业务部门/业务合作伙伴关系。同时，项目团队可以从这些项目中解脱出来，把精力和时间投入解决方案的开发和部署上。

自动化项目常常可以重复使用方法和工具。但令人惊讶的是，建立一个运营模式可能是一个组织自动化之旅中最容易被忽视的部分。本章为开发运营模式提供了一个良好的开端。我们不为读者预断——这需要基于自身情况做出判断——我们概述了需要被提出来的问题并提供了一个需要落实的所有要素的通用表格。

一个整体的观点

每个独立的自动化项目都应该建立在一个深思熟虑的计划之上。我们所知道的那些已经取得了一些初步成果的组织，认识到它们应该在一个更高的层面上综合管理它们的行动。即使只是推进了几个自动化项目，显然这些项目也很快会出现相互关联以及重叠，即包括它们所针对的业务问题，以及它们所遇到的实施方面的问题。如果一个组织缺乏衔接的方法，通常情况下会一遍又一遍地重新寻求解决之道——通过对人员、流程和技术问题提供答案的方式。

当项目有重叠内容时，有两种可能的处理方式。第一种处理方式，管理者可以在每次出现相同问题时分别处理，并由不同的自动化项目团队做出他们自己的决定。第二种处理方式，管理者可以把大多数自动化项目所面临的共性问题从每个项目的特定问题中归纳出来，并试图找到适用于所有项目团队的强有力的答案。选择后一种方式实质上等于说："让我们创建一个运营模式"。

运营模式的益处显而易见。对于致力于解决方案的项目团队而言，运营模式为他们减少了大量的工作。在一些已经在其他地方得到解决的问题上，即使他们最终可以大功告成，也没有人觉得再花几个月的时间寻找答案会带来成就感——实际上多数人都半途而废。能够运用已经取得的进展的经验，分享之前项目管理方面的担忧，可以帮助项目团队用轻量化和敏捷的方式推进工作。

从整个企业的角度来看，把一些工作内容从团队的职责中移除，意味着时间和成本的大量节约。不仅如此，这也会给企业带来"牵一发而动全身"的良性改变。一个结构合理的运营模式的最大好处是能发挥协同作用及获得规模效益。

构建一个框架

运营模式是什么样的？通常情况下，它会被描绘为一组并排排列并堆叠在一起的盒子或者模块，用来表述不同要素之间的关系。但这不是一个需要纳入考量的要素的简单列表，而是一个框架，用来了解一个管理完善的环境的整体架构。

在企业 IT 系统领域，一个关于通用操作模型的早期例子是十年前由俄亥俄州州立大学的杰·拉马纳森（Jay Ramanathan）和拉吉夫·拉姆纳特（Rajiv Ramnath）设计的一个框架[1]，它展示了建立一个能够为其内部客户提供高质量解决方案的 IT 团队所需要的一切。工作人员所需要的能力则要求企业在流程设计、治理和绩效管理方面都具备管理优势，以及足够强大的技术栈。将这些元素汇总成一个符合逻辑的图表，可以帮助管理人员将注意力放在最必要的地方，同时也指出了可能阻碍 IT 团队交付能力的薄弱环节。

此后，各个组织也根据自身需求，衍生出各种各样的框架。图 5.1 是我们熟悉的一家公司用来概述其自动化运营模式的图表。通过这种方式呈现自动化的全貌，对于评估一个特定组织的自动化能力的复杂程度，以及确定需要改进的地方非常有益。

从图 5.1 可以看出，有许多需要重点思考和决策的领域。概括来讲，自动化团队应该关注以下类别：

- 机会识别
- 效益实现及跟踪
- 自动化战略
- 创新与孵化
- 交付和变革管理
- 自动化运营

- 技术和平台
- 自动化推动因素
- 集中管理

业务单元				
机会识别		效益实现及跟踪		
自动化战略	**创新与孵化**	**交付和变革管理**	**自动化运营**	**技术和平台**
自动化战略	创新管理	敏捷项目管理	自动化监测及调度	基础设施/云自动化
采购战略	原型设计	自动化变革管理	技术运营	RPA/聊天机器人
		自动化发展	服务运营	业务流程管理
管理/控制		自动化部署	安全管理	数据和分析
	自动化推动因素			应用自动化
投资组合及需求管理	数据和信息管理	劳动力和人才管理		物联网/工业物联网
	资产和知识管理	韧性和业务连续性		自动化架构
合法及合规	**集中管理**			未来技术
	合作伙伴和联盟管理			

图 5.1　自动化运营模式示例

　　在这些类别下还有多个子类别需要关注，这些也并不是简单地罗列为一个关注清单。这些类别之间的相对位置也表达了它们之间的关系，一些跨类别的活动支撑了其他类别的活动。让我们从模式的顶部开始，与业务单元相关的关注点是机会识别和效益实现及跟踪。为什么把这些放在最上面？因为它们是最重要的问题，一切都必须从它们开始。所有的自动化项目组都必须以寻找高价值的机会为动力，并能追踪其在为企业提供价值方面取得的成功。

机会识别

这一智能自动化的基本出发点已经被详细讨论过了，这是第 4 章的重点。企业运营模式的一部分应该是将如何完成机会评估规范化。自动化评估工具和自动化成熟度模型都是这个过程的有力辅助工具，所以运营模式可能将它们列为每个项目都应该使用的工具。单个项目应该不需要重新创建这个基本程序——将商业的战略意图转化为有巨大潜力提供自动化竞争优势的具体措施。

效益实现及跟踪

每个团队也没必要想出各自的方法来解决以下最重要的问题：如何衡量自己的成功？如何知道自己的智能自动化是否沿着正轨前进并产生了预期的回报？为了回答这样的问题，企业必须确定哪些是需要衡量的以及如何衡量。用管理学的术语来说，就是企业需要阐明关键绩效指标（KPI）。

有各种方法可以用一致的方式做这件事儿。"目标、问题、指标"，即 GQM，是大型组织普遍使用的一种方式，可以将各种有用的指标嵌入其软件流程中。这个方式最早由大卫·魏斯（David Weiss）命名，又得到了马里兰大学的维克托·R. 巴士利（Victor R. Basili）的支持。[2]另一个有效的方式是 VeriSM™为正在推进数字化转型的企业提供的可量化措施，可以作为内容丰富的服务管理框架的一部分。[3]

当然，不同项目的具体目标会导致它们采用不同的特定指标——所有这些指标都是由商业价值目标所定义的。举例来说，一个服务机构想要将客户投诉量减少50%，它就需要确定哪些应用程序会因此受到影响。在实施解决方案之前，所收到的投诉量是多少？该机构的系统是否准确地捕捉到了客户的投诉量？同样的思考方式也适用于IT服务组的票据管理流程。在任何一种情况下，都需要预先建立一个测量框架，以便当解决方案进入实施阶段时，可以精确地报告正在发生的情况。

考虑到各个自动化项目所使用的指标种类多种多样，运营模式这部分的关键意义在于为项目团队提供一个行之有效的方法，这也提醒我们，这是一个可持续的自动化环境的重要组成部分。

有太多经理人对于通过自动化项目提高生产力和获得其他益处充满热情，但从一开始就没有清楚地说明应该如何衡量和监测这些益处，以及将以何种形式获益。衡量项目层面的投资回报率至关重要，它不仅是对正在进行的决策的反馈，也是为了赢得额外的资金。

在埃森哲内部，我们发现财务术语中的净利润是最具说服力的。当有人应用人工智能来解决问题时，他们必须先预缴他们预期在一定的时间范围内将创造的价值。随着实施的进行，他们需要追踪这些商业利益是如何实现的，这将允许他们取出所投入的资金。一旦他们达到了最低存款额，他们就可以开始获得人工智能的投资收益，并跟踪收益率的上升情况。

最后，一个必须始终强调的信息是，绩效指标必须触及对成功至关重要的核心问题。通常，项目经理更倾向于采用客观和容易量化的指标，但这仅仅意味着更容易追踪这一事实，并不意味着一个措施就是成功的。要永远记住自动化不仅仅是关于成本支出的，还包括其他目标，例如减少错误，帮助人们转向附加值更高的活动，改善客户体验或使创新成果更快地进入市场，其中任何一个目标都可以被赋予衡量指标。

识别所有关联指标很重要——最突出的指标是基于业务目标的指标——还要概括报告这些指标的标准方法。以在线零售商为例，在绩效方面有很多指标可以选择，用来捕捉和监测客户体验、销售量和利润率是否都在朝着正确的方向发展。典型的指标包括客户下订单所需的平均时间、从下订单到交货所需的时间、购物车遗弃情况，以及实时产品推荐所带来的销售量。

作为消费者，我们可以看到对于这些措施的反馈是如何进行的。网店会经常根据效果的好坏对一些细节进行调整，包括网站导航、调色板、文本字体、图标设计，以及"添加到购物车"和"立即购买"按钮的大小和形状。测试哪些要素可以使客户更容易启动和完成交易的试验每天都在上演。通过不断获得关于个体用户搜索、购买记录和反馈意见的最新数据，分析引擎在持续更新中，以便做出下一次推荐。此外分析引擎也会根据整体用户的消费喜好和模式，例如，对某部电影或某段音乐感兴趣的用户，对某些特定产品也感兴趣，持续更新以便做出下一次推荐。

这种有针对性的营销只有在高度数据化的环境中才能实现。启示是任何企业都只能改善它精确测量的东西。因此，它必须明确哪些措施对商业成功最为重要，如何密切跟踪，以及如何确保跟踪转化为创造价值。

自动化战略

第 3 章阐述了从战略上考虑自动化的重要性。虽然我们很少认为制定战略是一项基础层的工作，但它显然处于另一个领域，在这个领域里，单个项目应该能够从跨企业的基础工作中受益。运营模式的这一部分，不仅包括为团队提供自动化的策略，而且涉及自动化路线图的设计和更新以及标准和政策的实施。它还要求对采购战略进行跨企业的指导，包括如何决定是建造还是购买，以及投资组合及需求管理方法，如图 5.1 所示。

合法和合规性问题几乎在每个项目中都会出现，应在一个统一的企业安全和风险管理的框架内解决。例如，智能自动化的相关风险如何被标记和缓解？正如一家全球医疗保健服务公司的高管所指出的："更多的新技术为医疗保健领域创造了巨大的上升空间，但也带来了风险。因此，我看到的一个变化是，在我们部署医疗科技过程中处处有网络安全和隐私方面的考虑。"[4]对风险管理的考虑必须成为计划的一部分，而不是在危机发生后才去处理。

也许最重要的是，运营模式应该为自动化项目提供可持续的管理，尤其是考虑到自动化被视为业务转型的一个关键杠杆。这里的关键问题：项目进展过程中必须做出什么类型的决策？怎样才能确保这些决策是理所当然的，考虑到了不同角度并能及时提供答案？应该由谁参与做出决策，他们将在这个过程中发挥什么作用？

我们所了解的一家公司，它在自动化管理方面有周到的考虑，该公司的高层管理人员有足够的参与度来推动决策及监督所产生的影响。这家公司创建了一个指导委员会，决定了应该包括那些人，并指定了他们如何使用某些工具来跟踪正在发生的事情。建立这样的监督机制可以保持一致性，即使是在它大幅增加自动化举措，并授权越来越多的团队识别和追求机会的时候。

最高管理层的参与也带来了其他益处。一些业务部门的经理以前很少关注自动化，并将其视为一项可有可无的活动，看到他们的一些高级同事都已经投身于自动化管理，这会吸引他们的注意力，并使他们认为自动化越来越有必要。

相比之下，在那些管理机制不到位的公司中，我们看到在似乎已经准备好升级自动化解决方案时，它们遇到了严重的挫折。出现操作问题，却没有人去处理或做出决策——如果有良好的管理机制能更早地把这些问题标记出来，就可以避免这一情况的发生。

好的管理还可以根据一些逻辑，来监督项目在一定时间段内循序渐进地推出。例如，在机会评估已经确定了最佳候选自动化项目之后，管理的一部分功能是考虑如何通过解决其中一个用例，为其他应用铺平道路，无论是通过建立一个技术模块，还是通过产生可用于资助后续项目的财务收益。管理小组应该确定顺序，加以执行，并在必要时对其进行修改，以应对未预见的挑战和机遇。

创新与孵化

并非每一个智能自动化项目从一开始就有一个强有力的商业案例、坚定的赞助者和明确的项目计划。有些项目似乎具有很高潜力，但成功与否取决于某些未知因素，例如技术或用户的接受程度。这就是为什么一个自动化运营模式也应该纯粹以创新为名进行试验和研究。

例如，应该可以试行一个机器学习解决方案，发现新的数据关联。之后，从寻找新的增长和创新机会的角度来审视这些关联，比如开拓一个新的客户群或创造一个新产品。从想法的产生和筛选，到新解决方案或新产品的原型设计和孵化，创新管理流程应贯穿始终。企业层面对自动化的承诺还体现在，为自动化项目提供一个可反复使用的模块软件库。

2017 年，当一家大型跨国能源公司请我们对其所遇到的问题进行单线诊断时，我们帮助它决定创新和推向市场的速度是最重要的。那一年，该公司 IT 部门面临的挑战是，利用自动化将工作量减少 60% 以上，并将运营成本减少 50%，同时还要提高其软件解决方案交付的平均速度。

管理人员举办了一系列研讨会和黑客马拉松，激发创意，运用机会评估流程来识别及决定哪些领域是要优先处理的。尽管 IT 部门仍处于自动化旅程中，已经节省了数百万美元，已经获得了巨大的收益，并重新部署了接近 100 人全职工作的工作量，同时加快了运作速度并提升了可靠性。管理人员确信 IT 部门的成功在很大程度上是由于为整个自动化生态系统建立的一个集中的自动化框架和平台，以及它对创新投资的规定。

到目前为止，大多数其他公司都是将它们的全部预算用于创新解决方案。我们还没有看到太多公司将它们的预算的一部分分配给培育更高水平的自动化思维。直到最近，这种创新基金才开始出现在一些领头羊组织的预算中。

诚然，除非一个组织将自动化视为其战略意图不可或缺的组成部分，否则它不会将单独的资金投入跟上新发展和开展小范围的对于新工具的尝试。但是，有一个自上而下的对于智能自动化和数据科学的战略承诺，意味着研发投入特别是以创新为导向的计划才能成为可能。这些资金可以被用来探索特别有前途的自动化措施。这是在战略举措层面上的预算编制，也鼓励更多的管理人员和员工在这个层面上进行思考。

交付和变革管理

此外，还需要哪些要素将智能自动化的应用从成功的概念推广到工业规模的应用上？运营模式所包括的大部分内容有助于回答这个问题。项目团队通常是为解决方案的开发而建立的，但业务影响却依赖于解决方案的交付及对使变革管理顺利进行的关注。

在交付和变革管理中，我们看到运营模式为项目团队指出了敏捷项目管理、自动化变革管理、自动化发展和自动化部署的最佳实践。它们使项目团队有能力监督所承诺的自动化项目组合，以满足业务需求，迭代设计、开发、测试和推出自动化解决方案，以及对企业应用程序进行生命周期管理。

这在很大程度上是一个完善的软件实践制度化和产业化的问题。智能的自动化解决方案终究是由软件组成的。在其他关键系统中使用的 DevOps 方法领先实践也应该应用于自动化。团队应该测试一切，监测使用情况和变化，并测量和评估结果。所有软件工程的规则都适用。方法论、过程以及安全考虑缺一不可，勾勒出一个共同的最佳项目运行方式并予以执行是避免许多麻烦的最好办法。自动化框架和流程应该被建立起来，并与 ITIL、CMMI、VeriSM、六西格玛等业界公认的标准相一致。

团队需要建立影响力和过渡计划以扩大他们的智能自动化项目的规模。适当的计划有利于实现平稳过渡，使员工队伍和流程能够与新的自动化元素相匹配。

在运营模式的这部分中，一个值得一提的话题是"设计权威机构"。无论是一个人的角色，还是持有不同观点的一群人的角色，"设计权威机构"的价值都已经在企业架构领域被多次证明过。该权威机构的工作是审查所有解决方案设计，以确定它们是否能够实现自己的目的，以及它们能否与更广泛的体系结构保持足够的一致性，无须考虑集成问题。

为了长期地做好这项工作，设计权威机构必须创建并执行各种架构和设计的标准，涉及应该遵循哪些框架和方法，应该如何概述流程，以及什么工具应该受到推崇。这可能听起来像是引入了额外的一层官僚体系，但在实践中，在这些问题上建立适当的权威机构可以使工作完成得更快、更有效率。特别是当设计权威机构身处一个合作的设计思维环境时，它可以确保自动化应用的连贯性、一致性和以客户为中心，从而实现真正的商业价值。

自动化运营

各种帮助自动化运营的工具应该被提供给团队，并且他们应该被培训如何使用这些工具，将其作为标准运营模式的一部分来使用。例如，所有人都需要安排和监测他们的产品线，并使用指标来跟踪模型和数据集的演变。自动化监测及调度的有效方法应该拓展到整个企业，而不是在企业的各个角落各自进行发明。技术运营、服务运营和安全管理也是如此。

运营模式可以概述以下内容：如何管理日常的自动化运营，并提供业务和技术支持；如何监测、测量、报告和评估当前的绩效；如何优化自动化调度，以及应用交互程序维护日程依赖关系的集成视图。

技术和平台

任何大规模自动化环境都需要对各种技术和平台有深入的了解。择其重点而言，可分为以下几类：

- 基础设施/云自动化
- RPA/聊天机器人
- 业务流程管理
- 数据和分析
- 应用自动化
- 物联网/工业物联网
- 自动化架构
- 未来技术

这里的关键问题是：还需要哪些要素，以确保所实施的解决方案和系统具有适应性和灵活性？如何明确需要新的尝试来更新一个解决方案？例如，我们经常发现，企业应用的领导者在推出智能自动化解决方案之前，启用一些互补性技术，诸如数据湖（以原始格式存储的系统或存储库）和云服务（通过云计算供应商按需向用户提供的所有服务）。

应用程序的自动化有各种形式和规模。举例来说，任何人在市场上寻找测试工具时，都会发现有很多这样的工具。由于一大批人工智能和技术创业公司每天都在构建应用程序，仅从自动化的角度来看，选择非常丰富。我们发现，通常大型组织都会使用 10~15 种不同的测试工具。

那么，一个组织如何让它变得简单？这就是运营模式发挥的作用，与组织的实际情况密不可分。不同的组织即使属于同一职能部门以及处于相同的成熟度水平，也可能有非常不同的环境。与运营模式的其他部分一样，设计必须与组织的优先事项甚至价值观相匹配。就整个旅程图而言，管理者应该从了解组织目前的状况开始，了解他们希望组织发展到什么程度，以及终极意义在哪里。还是那句话，与具体组织的实际情况相吻合。

自动化推动因素

自动化的推动因素包括数据和信息管理、劳动力和人才管理、资产和知识管理，以及韧性和业务连续性的原则和实践。所有这些都是共享的、基础性的能力，如果能事先培养好这些能力，就能使自动化工作取得成功。

数据是成功的最重要推动因素之一，必须以全面和连贯的方式加以处理。在任何单个自动化项目中，数据科学家必须确认数据集是完整和准确的，并且算法是适当的。如果整个组织没有将数据管理作为优先事项，它就可能碰壁。

自动化的根本还在于获取过去应用在重复性任务或问题上的知识和经验。这就是为什么可重复利用性是推动整个组织自动化效益的关键概念。自动化领导者建立可重复利用的自动化资产和知识的资料库，积极地提升组织在自动化方面获得的经验和成熟度。

劳动力和人才管理是另一种必须在组织层面建立的能力。运营模式应该解决如何对员工进行适当的培训和赋能的问题。不同的项目在自动化所需的新技能方面有许多共同点。需要有人在较高的水平上提出问题："我们应该具备哪些技能?"而且必须有人做必要的培训并创建相关赋能资料，使员工能够有效地履行他们的职责。是否应该以短期培训模块的方式，通过视频在线提供?培训方法的许多方面都值得仔细关注。如果没有一个运营模式，却期望解决方案团队有一个有效的开展培训的愿景和计划是不现实的，更不必说他们能够将培训作为一项持续的活动来安排了。

集中管理

在专门讨论战略的章节中，我们讨论了与合作伙伴或供应商建立一个生态系统。因此，合作伙伴和联盟管理也是运营模式的一个考虑点。这可能是从组织层面出发管理自动化的最简单的例子。这需要了解关于外部解决方案提供商的最新动态和知识，这只能通过投入资源来监测生态系统合作伙伴的动态来实现。也有一套与服务水平协议相关的专业知识体系，包括它们是如何结构化以及如何被执行的。

一个好的运营模式包括与现有合作伙伴、系统集成合作伙伴以及内部 IT 部门关系的管理指南。它提供了行之有效的方法来核实和评估协议的执行情况，并在需要时推动改进。

集大成者

如果将所有这些要素都放在一个高于单个自动化项目的水平上进行规划，一个组织就会有一个更全面的在整个组织层面投资和扩展自动化规模的方法。它有能力在整个组织层面管理自动化，并为智能自动化的每一个新机会获得动力及取得成功奠定坚实的基础。它有一个运营模式，即一个处于自动化整体战略目标的水平之下、支持特定商业运作和解决特定运营问题的具体管理工作水平之上的管理框架。运营模式应被视为从战略意图到执行的重要环节。运营模式让人们进一步了解一个组织中所有需要被妥善管理的领域，以使组织获得自动化优势，并分享其中任一领域所做出的决策。

一种思路是，正打算涉足自动化、人工智能和数字化的组织需要通过三个步骤取得进展：研究、制定战略和解决问题。第一步研究是我们在第 4 章所讨论的，基于分析的方法，运用"可能性的艺术"来指导自动化投资。最后一步解决则是创造并确定具体解决方案。在这两步之间是一个关键的战略，制定战略包括创建路线图，这通常涉及头脑风暴和设计思维研讨会，以确保解决方案符合组织的能力和业务目标，还涉及创建一个运营模式。

运营模式至关重要，因为它可以将自动化战略转化为一个强大的框架，在这个框架内，各个业务解决方案可以被有效地规划和协调。它将原本可能是混乱的情况变得清晰，并可以由组织的最高领导层、业务线经理和许多其他运营团队一起讨论。

一个完善的运营模式包括：

- 为自动化战略转化为经营成果提供了手段
- 为交付解决方案提供了一个明确的、以共识为导向的指南
- 确保更快的收入增长和更高的经营利润

简而言之，如何启动一个自动化创新举措很重要。一个组织如果有与其竞争力的高层次愿景相一致的执行计划，那么它的自动化努力最终都会取得成功。要注意的是，一个运营模式也需要是一个与时俱进的模式，不断接受审核，并根据新的发展情况进行更新。

现状与未来

我们一直在讨论运营模式是自动化转型的一个必要元素，并可能造成这样的印象：采用任何一种运营模式都比没有运营模式强，然而实际可能并非如此。如同一个业务流程可以是已知且被一贯遵循的，但在效率或效果上远非最佳。因此，一个运营模式也会有很多不尽如人意的地方。绘制运营模式图的最大好处之一是可以支持组织内不同部门之间富有成效的对话——关于如何做事情，以及如何做得更好。

根据自身成熟度水平以及到目前为止采用自动化的情况，不同的组织会以不同的速度前进。组织以商业优先级、组织的成熟度以及技术的成熟度为依据，一方面必须决定如何促使自动化向前发展、实现速赢，比如推进机器人流程自动化应用，另一方面也要在更高的层次上进一步优化管理项目排序、确保与业务优先事项相一致、实施加速、管理风险等。

运营模式的现有形式可能有这样或那样的不足，但如果没有一个清晰的图景指出哪些是需要关注的焦点，那么不足之处可能就不会被检测出来。评估现有的运营模式并找到其最薄弱的地方，可以为未来建立更好的运营模式指明方向，以此为基础就可以开始推进下一步的改进了。

卓越中心的案例

假设一个管理团队现在致力于界定一个自动化运营模式，他们或许会问，谁在监管这项工作？他们如何实现增值？对于人选的问题有两个基本的选择：让需要自动化解决方案的业务部门去做，或建立一个集中的自动化卓越中心去做。那么，对于一个特定的企业来说，哪一个选择更有效？

我们看到，越来越多的企业将卓越中心（COE）模式作为它们的首选模式，通过教育及增加支持来实现协同效应和一致性，同时也鼓励在业务部门层面增强主动性和试验性。其他机构开展的更为正式的研究也为我们的观察提供了佐证。例如，福布斯在 2019 年对 300 多名熟悉其所在企业智能自动化工作的高管进行了一项调研，大多数（51%）回答说，他们已经建立了卓越中心或"数字管理办公室"，另外有 41% 的人说他们正计划这样做。[5]

还有一个因素使我们相信，企业将继续倾向于建立卓越中心：随着时间的推移，它们在本质上更有能力进行自我提升和进化。如同一个企业的所有组成部分一样，卓越中心的成熟度也被拿来与其他大型企业的卓越中心做比较。

对于一个专职的卓越中心来说，提升对其当前成熟度的自我意识和不断改进的决心是比较容易的。当然，关键在于领导力和支持，这些对于确定方向及控制方向、定义自动化战略、创建创新和孵化的框架、进行管理和控制都至关重要。图 5.2 提供了一个简单的自动化卓越中心成熟度模型，它可以帮助指导成熟度评估，并提供一个卓越中心随着时间的推移不断进化所需要的综合能力的简要概述。卓越中心应该不断地增强其能力，因为：

- **业务职能部门作为 IT 机构的主要利益相关者**。有一个侧重于业务与 IT 保持一致的中央小组，以确保解决方案接近客户需求，并通过 IT 有效交付。卓越中心可以追踪客户的期望，使之与业务优先事项以及 IT 保持一致；卓越中心与 IT 部门合作处理客户反馈。

- **IT 机构与业务保持一致**。在交付管理、传播所发现的最佳实践，以及团队设计、测试和部署、配置、解决方案支持等方面保持一致。

- **人才管理**。一个中央小组可以统观整个人才组合战略，同时在变革管理、能力管理以及组建混合型劳动力结构方面，知道哪些手段是行之有效的，并具有统揽全局的见解。

- **创新**。在企业层面上，投资于提升保持领先优势的理念、提高创新执行力以及提升充满活力的自动化创新生态系统的参与度是最有效的。

- **能力建设和知识强化**。知识管理的结构和流程可以维持一个自动化知识中心，从新方案中收获自动化知识，并帮助转移和采用这些知识。

- **合作伙伴和联盟管理**。卓越中心可以专注于并持续完善供应商
  管理、自动化使用，以及合同管理。

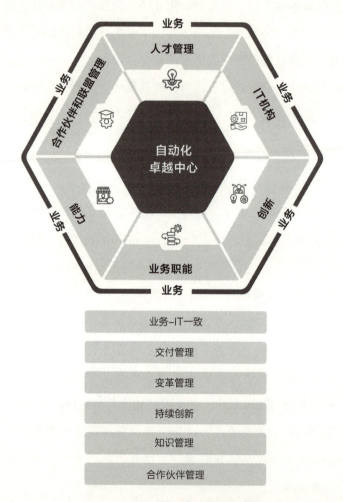

图5.2 自动化卓越中心成熟度模型

需要以一种综合的方式管理运营模式的这些要素，是建立卓越中心的一个强有力的理由。事实上，对很多人而言，"运营模式"和"卓越

中心"这两个词似乎是同义词。一个去中心化的模式（通常被称为"联合"的组织模式）同样可以提供领先的实践分享，以及其他形式的合作性标准设置，但它将本章所述的所有决策和活动都推向了业务部门。通常被称为"实践社区"的一种模式，这种模式将所有面临相同问题的管理人员聚集在一起，给他们提供了一个交流和合作的平台，同时又给予他们充分的自主权。在这两种可能性之间，还有一种混合方式，它将运营模式的某些方面中心化，而将其他方面去中心化。让我们来了解一下更多细节。

集中模式

在集中模式中，卓越中心的所有职能都由联合国队（来自业务部门和 IT 部门的人员组成）执行。这种模式最适合那些刚刚建立起自动化能力的公司。在共享服务高度集中，但自动化机会一般的情况下，这种模式非常有效。该模式适用于促进从个体化能力到工业化能力的转变，并为规模化实施奠定了基础。

是的，这一模式也有一些需要注意的弊端。随着组织规模的扩大，一些小组的自动化优先级可能会被调低，一部分业务可能会进入一个孤岛，重复卓越中心的职能。在集中模式中，这些弊端必须被承认并得以解决，并且组织要付出额外的努力来推广自动化项目。

分散联合模式

如果中心化团队不能完全推动和延续整个组织的自动化，那么组织必须通过去中心化的模式取得成功。在这种模式下，他们将倾向于采取更有针对性的方式与组织的不同部分开展合作，同时追求跨领域的目标，将更深的专业知识嵌入组织，并总结和推广在一些活动中所学到的东西，以便能够为整个组织的其他决策和流程提供信息。

根据定义，这并不是真正地创建一个卓越中心，而是创建多个实践社区。信息当然可以在实践社区之间共享，以鼓励标准化和使用通用技术，但与此同时，这种模式也确实带来了冗余和更高的自动化成本。

混合模式

这种模式（见图5.3）是一种组合，在标准中心化的单一小团体内实行集中模式，但可扩展的自动化执行引擎能力是由业务部门或尽可能多的小组联合起来提供的。

混合模式最适合大型的、全球分布的、决策权高度分散的企业。自动化卓越中心也可以包含一个与业务/客户互动的自动化执行引擎，识别机会、定义优先次序，并向业务部门提供自动化交付能力。它最适合大型的、全球性的组织。这种模式的好处是更快地产业化，有效的知识再利用，更容易扩展和获得独立决策所需要的水平，以及业务部门更强的归属感。

总而言之，自动化卓越中心对于一个组织的自动化成功是不可或缺的。组织采用什么模式取决于组织独特的业务模式和战略方向。只要运营模式结构合理，并有明确的角色定位和分工，无论它是哪种模式，都能实现自动化。

从某种意义而言，卓越中心是一个指导委员会，它在组织层面上运作以确保一致的价值实现。正如一本关于自动化项目指导委员会的很有参考价值的手册所简要描述的，有效的项目层面的指导集中在五个主要任务上：在项目生命周期的不同阶段做出停止/继续的决定；审查和批准项目的财务预算；审批项目时间表；确保解决方案的设计符合业务需求；在项目经理在需要与项目团队之外的个体打交道时向其提供所需要的可见支持。[6]

图 5.3　自动化卓越中心混合模式

在组织的整体自动化转型层面，卓越中心承担着类似于管理的职能，自动化旅程由它掌舵，并需要不断地反思：所确定的旅程的各部分是否仍然相关？是否发生了一些改变，影响到时机？它对质量、价值实现和智能自动化于一个组织的重要性保持着持续关注。

多样性与统一性

每个组织都有多样性的特点，对此应该保持和予以尊重，但管理层也必须使这种多样性得到统一。不能简单地将为组织的一部分创造的东西强行套用到另一部分上。需要敏感地注意到解决方案在多大程度上能行得通，以及它们在多大程度上需要做调整，对于人员解决方案和技术工具也都如此。例如，一个支付处理团队可能很乐意采用一项新引进的技术，但这项技术可能会给另一个团队带来混乱。在我们所了解的一家零售公司中，总部物流人员迅速接受的聊天机器人，似乎是向货车司机推广的理想选择。但在货车司机这个群体中，许多人不太懂技术，因此需要进行一些调整。聊天机器人的成功取决于它是否能进行有效的对话，这意味着即使在同一家公司，也可能需要为它配备不同的词汇体系。

运营模式中组织可能会犯的最大错误在于假定一个虚假的统一性。相反，它应该允许定制化的客户旅程，根据组织内的群体是否准备好接受新的挑战来规划客户旅程。实施同一个解决方案，在一个地方假定需要三个月的时间，在另一个地方可能需要六个月的时间。大规模推广流程自动化可能会遇到的情况是，一些软件开发人员仍处于从传统的瀑布方法向新的敏捷方法和 DevOps 方法转变的早期阶段。

迈向自动化平台

过去，企业一直希望机会性地引入自动化，在"可能的地方"选择切入点。现在，人们越来越认识到他们的自动化方法应该是全面的。这意味着智能自动化应该在企业层面上加以管理，并将重点放在提高企业的能力和标准以支持许多项目，并对它们进行优化排序上。智能自动化还应该为拓展规模而设置，并将焦点转移到整个企业的挑战上：业务成熟度、数据访问和治理、文化和人才、平台和架构，以及向平台思维转变。

正如前一章所简述的那样，近年来我们见证了平台商业模式的演变，通过平台商业模式，像亚马逊这样的公司，使任何规模的第三方卖家都能接入其大规模的基础设施，从而进行灵活和可靠的交易。

负责建立组织自动化优势的管理人员需要有同样的心态：一旦他们创建了一个自动化的平台，一个最大的影响即将到来，这使得自动化的新想法能够以最小的投资变成现实，并且无缝协作。随着自动化得以进一步推进，我们期待听到更多的自动化专家谈论平台化问题。

这一章使我们向这一愿景迈出了一大步，我们希望能激励自动化经理人去制订计划，阐述如何组织整体工作的细节以及需要考虑的问题。简而言之，我们试图回答两个问题：在开发解决方案之前，哪些要素是有价值的，即可以简化其创建过程，并帮助其未来用户准备好有效地使用它；应该如何落实这些要素。这里探讨的这些运营模式的组成部分，都为项目从概念验证到工业规模的发展铺平了道路。

以下各章将继续深入探讨这些基本要素。这里想强调的是，这些是所有高水准自动化做整体计划时所要考虑的关键因素。同样，这也是很多组织失败的地方。它们忽略了在组织层面上计划和投资建立自身自动化能力，这也代表着它们错失了一个获得强大竞争优势的机会。业界同行业组织之间最重要的差异化因素以及它们在未来几年的业务表现取决于，它们在建立一个运营模式方面的付出程度如何，包括支持日益数字化的员工队伍，以及不断提供简单、无缝和可持续的自动化解决方案。

这听起来非常基本，而且确实如此，但不要低估其重要性。一个团队在能够深入研究多层次的集成分析、变体分析、聚类、聊天机器人以及多个机器人流程自动化应用之前，必须花时间来制订计划。

本章要点

- 制订计划是指在进入一个项目之前，要认真设计项目的人员配备和运营模式，明确谁来监管关键决策，以及用什么指标来跟踪进展以实现明确的目标。
- 制订计划本身就是一种能力。有志于将智能自动化应用于许多领域的组织，应该考虑建立一个智能自动化卓越中心。
- 理想情况下，计划是在项目层面以及高于单个项目的层面上同时进行的，因此制订一个计划的一部分是要明确如何在这些不同的工作中获得协同效应。

第6章

未来架构师

对企业来说，不断颠覆现在已经成为一种必然，影响今天商业版图的方方面面。企业不能指望部署了技术解决方案后就万事大吉了——误认为它们所做的投资将继续自动运行，并产生良好的价值。今天所建立起的一切都将不可避免地在明天被淘汰。

然而，今天的大多数企业都还在使用以前所遗留的 IT 基础设施和架构。归根结底，一个企业终究有一天要面临彻底检修其支撑业务的技术体系的挑战，这是一个更大范围和更长周期的挑战。随着项目激增，所有替代方案的成本变得难以承受；当智能自动化的巨大潜力开始变得清晰时，协同作用的机会变得令人注目。对业务和 IT 主管的调研开始反映出这种新的优先意识：在全球范围内，受访者认为架构僵化是大规模创新所面临的最大障碍之一。

本章讨论了架构如何以及为何是企业自动化可持续发展和可扩展性的一个关键因素。如果一个自动化领导者得到了技术团队的支持，并且对更多的战略和操作层面的问题感兴趣，他们就可能会跳过这一章。然而，这里的讨论并不是技术性很强的，而是从以下角度开展的：团队在开始建立有弹性和可扩展的企业自动化系统时，应该记住的关键技术。

我们看一下一些推动业务利益和建立自动化的一些关键因素，这些自动化能够更快调整，从而适应不断变化的市场，并与演变和实现更大灵活性的整体组织模式（业务流程、模块数据、基础设施和应用）保持一致。我们看一下优秀领导者的方法，他们率先接受了这种演变的原则。我们还描述了支持任何组织的可扩展和可持续的自动化旅程的关键因素。

六个关键因素

建立企业自动化架构应将六个关键因素考虑在内：

- 系统必须具有足够的适应性，使企业能够快速地对动态市场做出反应。实现这一点需要一个"即插即用"的架构，该架构可以适应技术变革，无缝集成到一个更广泛的合作伙伴生态系统中，并为业务提供敏捷性。

- 建立一个智能自动化的数据结构，并收获商业智能的益处。请记住数据结构的重点不仅是将企业数据集中化，还包括进一步丰富企业数据并最大限度地利用数据。

- 从一开始就决心把人工智能放在架构的核心位置。这是为企业提供差异化客户体验的关键。一个注入了人工智能的自动化架构可以不断进行自我学习、理解、适应和演化，为客户创造新的体验。

- 迁移到云端,以提高敏捷性和自动化的成本效益。在这一点上,云计算在自动化世界中已势不可挡。越来越多的企业正在转向基于云的解决方案。

- 为提升安全性而设计的架构,以保护企业的知识产权和客户隐私。将安全性嵌入架构中,以保持由应用程序处理敏感信息的保密性、完整性和可用性。

- 采用以平台为中心的方法来整合自动化工作,实现整个企业的协同效应,并支持解决方案的工业化和规模化。

让我们更深入地看看这些关键因素中的每一个(见图6.1)。

图6.1 构建一个有弹性的企业自动化架构的因素

使架构具有自适应性

智能自动化在成为企业的核心，并以强大的洞察力和决策来推动转型和增进业务时，需要对业务的变化有快速感知和做出响应。建立一个适应性更强的自动化架构能帮助企业清除变革路上的瓶颈和障碍，确保价值链的顺畅流动并持续保持客户与企业的相关性。此外，今天许多商业战略的前提是与市场上其他参与者的合作，所建立的联盟和伙伴关系。管理者们早已认识到，合作是一种可以更快地扩大规模，并为客户创造更多无缝的端到端体验的战略。然而，如果一个企业选择了这种战略，它就应该有一个能与合作伙伴的情况顺利对接的自动化架构。同时，从企业的角度来看，自动化架构作为中心架构和枢纽仍然是优秀的，其他都围绕着这个中心。

思考一下一个跨系统的集成自动化方法的好处和论据。没有一个现在开始着手的企业会以其他方式建立其 IT 架构。但是这又是一个问题：如今每个企业都已经有了一个架构，很少有企业能够选择从头再来打造一个具有适应性的豪华架构。大多数企业都面临着巨大的挑战，即如何与要执行自动化解决方案的当前技术堆栈中的元素解耦。

然而，这个问题并不是无法解决的。每个企业都可以采取一些实际的步骤来逐步实现跨系统集成的自动化，并将技术的飞速发展所带来的挑战转化为创新的机遇，并在竞争中胜出。

为了建立一个自适应智能自动化，系统架构师可以对自动化技术进行设计，使其以分布式的方式工作，将应用程序所需的每项功能分开设置，并将其视为一个独立的服务提供者。以这种微服务方式处理自动化的好处在于，允许这些子功能独立更新，这些子功能大多起着重要的支持作用，并且一直以来在不同的应用程序中都具有很大的共性。每当有一些合适的理由需要改动某个功能时，该功能的更新过程不会影响到应用程序的其他部分继续提供服务。而这样的更新可以不断使其他依赖这一功能的应用程序受益，却不会影响应用程序自身的性能。

如果我们解释得够清楚，基于微服务的开放架构如何为企业提供全新的"即插即用"能力就显而易见了。任何大型企业都在使用一套高度多样化的工具和技术，并在整个企业范围内迅速推广。如果功能之间的相互依存关系过于纠缠，这种困境就会成为引入新元素的障碍。在一个密集连接的系统中预测和处理连锁反应是非常困难的。

随着一个企业沿着应用智能自动化成熟度曲线往上走，这一点会变得尤为重要，这涉及人工智能的应用。新一波的解决方案需要一个架构，以便能够以极大的便利性和极快的部署速度实现大规模的实施。它必须是与技术无关的，并有高度灵活性，以便利用动态人工智能生态系统中不断涌现的创新成果。而且，它必须实现基于业务需求的高度定制化，包括在选择用于项目管理的人工智能技术方面具有灵活性。

基于微服务的高质量模块化自动化架构（或微自动化架构）可以做到这一切。它支持连续交付、独立扩展和自由选择技术。它克服了旧的脆弱性，并以新的稳健性取而代之。

在"快速失败和学习"的模式下，开发和部署团队可以更有效地工作，因为他们知道自己是独立工作的。故障可以被迅速发现并控制其危害性，任何故障都被封锁在一个微型自动化单元内。因此，一个微自动化架构可以使自动化既是分布式的，又是大规模扩展的。

当我们谈论规模时，特别是通过扩大合作伙伴生态系统的范围来扩大规模时，对企业来说同样重要的是，采用全新的强调互操作性的自动化架构的方法——自动化可服务于不同的目标，可以从不同的合作伙伴那里采购并自由地交换信息。做到这一点意味着采取统一的方法来处理数据、保证安全和实现治理。

编织数据结构

所有的人都说最好基于数据来做决策，然而是否有可能由数据来引领决策？由数据驱动业务意味着什么？

考虑一下 Kensho 公司（金融数据分析商）生产的软件，它正在帮助一些世界上最大的交易柜台超越海量数据和市场动态信息，寻觅世界事件与它们对资产价格影响之间的关联度。数据驱动的调研分析工具和机器学习算法，有助于分析师们发现、理解和可视化海量数据中所隐藏的复杂关系。这有助于他们所推论出的投资理论具有更加严密以及合乎情理的逻辑。[1]

因此，由数据来驱动是可能的——至少在个人决策层面上如此，但必须是值得高度信赖的数据。数据是由数据驱动的自动化的核心（正如第 1 章所讨论的，它是自动化旅程的第一步），并且是由人工智能驱动的自动化的基础。要让自动化与业务保持相关性，并成为值得信赖的决策的基础，企业需要构建一个数据结构来管理和治理海量数据。

数据结构这个词指的是什么？可以将其看成是一种框架或平台。结构意味着将许多线头编织在一起，从而形成一个更大的实体。架构的结构是一个计划或模型，使不同部分共同工作并构成一个连续体。如果一个企业希望管理由不同职能部门和业务单元收集、存储和使用的数据，这一点就至关重要。数据结构作为一个框架，可以判断数据的可信度，并提供治理的焦点，否则数据世界就是无序和混乱的。

随着企业日益要求管理者能随时访问数据以及更易于看到更深入的分析，企业数据结构兴起：存储库设计的初衷是以原始格式保存海量数据，直到数据被业务所需。随着企业数据结构的建立，企业已经开始收获各种好处：它们将企业内容孤岛集中化，它们正在实现洞察发现和分析过程的转变，而且它们能够以在源系统中不可能的方式丰富数据。

关键是要有有效的应用程序，从企业海量的结构化和非结构化数据中搜索、分析，并获得洞察力。这些应用程序被越来越多地用于商业，实际上，数据结构市场现在是一个充满活力的投资领域。然而，即使企业要使用最基本的工具，它也需要在数据结构方面有一定程度的成熟度。

将人工智能置于核心位置

随着人工智能的力量被越来越多地应用于企业自动化，系统架构师们逐渐认识到，仅仅事后考虑是不够的——这不只是另一组需要由一个长期建立的基础来支持的应用程序。恰恰相反，走在前沿的人工智能的用户正在重新思考他们的架构，将人工智能置于其核心位置。通过将整个架构集中在机器学习和深度学习（神经网络）技术上，凭借提供能带来突破性经济效益的解决方案，这些用户极大地拓展了相关方面的能力，并获得了令人印象深刻的竞争优势。

这是某个更为普遍原则的一个版本：如果一个企业想充分利用人工智能的潜能，它就应该将其作为自动化战略的核心。它应该在战略和架构的思考中体现"人工智能第一"。如果这句话听起来似曾相识，那么请回想一下企业是如何在网络出现后实现腾飞的，企业开始利用机会重新设计流程，以便更充分地利用电子商务的新可能性。企业在转变商业模式中所奉行的准则是"数字第一"。

以此类推，我们现在正进入智能自动化的时代，以同样的方式，现在是推行"人工智能第一"的时候了。自动化团队正在建立和管理由人工智能驱动的解决方案，而不是试图在设计者从未预料到的系统上叠加人工智能。他们正从颠覆性创新和开创新市场的清晰愿景出发，勾勒出人工智能解决方案和平台实现这些目标的路径。商业人工智能正在将人机协作提升到新的水平。预计会有更多的组织对用户体验进行重新设计，从技术和人相结合的角度解决问题和完成工作。矛盾的是，这些解决方案中最以人为本的部分是以人工智能为核心的。

以人为本的自动化

借助于自然语言处理、计算机视觉、语音识别和机器学习等方面的进步，技术接口逐渐隐形。最后，机器可以适应人类喜欢的工作方式，而不是反过来。优雅和简单的体验是新常态。有能够讲、听、看和理解的系统，公司现在可以重新构想系统，通过自然对话、简单的触摸和丰富的个性化来强化新的人机关系。

以人为本的自动化已经在颠覆几十年来关于人机互动以及许多相邻流程的传统思维。试想一下，我们今天使用的主要接口——键盘，自1874年商业打字机首次出现以来就一直存在。现在，接口可以开始将人置于一切的中心，充分利用人的天赋，满足人的真正需求。

以人为本的发展

以人为本的设计将成为开启更好客户体验和提升员工参与度的关键。在这两方面，重点是理解使用系统的人的需求。这种同理心的发展有些来自设计思维方法，有些来自代表更多不同观点和行为准则的设计团队。[2]

例如，美国第一资本投资国际集团（Capital One）使用以用户为中心的设计，通过关注差异化的用户体验，在许多人看来完全是在商品化的消费信贷市场中进行竞争。该公司花时间直接与用户交谈，并打消了一些分析师先入为主的成见。新的以用户为中心的流程正在通过由数据驱动的、可重复的和敏捷的方式，来帮助该公司定义和解决最重要的用户痛点。[3]

然而，人类的关注点将越来越多地通过数据得到深化，从人们执行日常任务到使用连接技术来实现目标，在这个过程中会不断收集反馈并加以分析。

以人为本的工具

任何企业都不应该在尝试更多用户友好的新兴技术形式方面犹豫不决。其管理者可能会看到人工智能、扩展现实和语音识别的应用目前正出现在消费品中，而且其中一些应用可能会让人觉得很有前景。这些技术正呈指数级发展，并将在未来几年内出现在企业舞台上。根据thejournal.com所报道的，IDC预测，增强现实和虚拟现实头盔到2025年将保持41%的复合年增长率。[4]

早期的实践和实操经验是在这些技术成熟后，将其社会化和挖掘其商业可能性的最佳方式。例如，Drishti是一个印度国家盲人协会参与设计的解决方案，它通过智能手机为视力障碍者提供帮助。使用图像识别、自然语言处理和自然语言生成等人工智能技术，该解决方案向用户讲述了房间里的人数，他们的年龄和性别，甚至是基于面部表情的情绪。它还可以用来描述书本、文件和财务票据上的文字，以及识别玻璃门等物理障碍物。[5]

像这样以人为本的工具可能会首先出现在一个企业的市场人员面前，作为企业向客户销售产品的改进措施。它们也可以很容易地进入企业本身的运作中，将强大的技术和以人为本的设计结合起来创造未来优势。

迁移到云端

对于一些人来说，云的应用可能看起来像是昨天的旧闻。但对许多人来说，要想真正挖掘云服务的变革性潜力，还有很多事情要做。这是因为云服务不是终点，而是起点，边缘计算则紧随其后。

云计算是必不可少的，因为它使企业能够使用人工智能和分析技术等其他技术。云服务是创新的催化剂。想想看 Salesforce 是如何从自身的基于云的人工智能技术中获益、提高业务绩效的。Salesforce 最初的突破性创新是其客户关系管理软件，全球各地的销售人员和他们的经理通过云计算不断使用该软件来进行销售预测、预测管理和销售组织管理。2016 年推出的"爱因斯坦"现在作为一个智能层，被置于这些功能和其他功能之上，可以访问它们所包含的所有数据，无论这些数据源自电子邮件、日历、社交媒体还是正式的活动追踪条目。这就是数据的宝库，预测模型从这些数据中学习，为销售人员提供新的洞见，让他们了解什么是有效的（或过去被证明是无效的）。[6]

　　或者我们可以从阿里巴巴集团的金融分支——蚂蚁集团（原蚂蚁金服）那里汲取经验教训。该公司使用云服务和人工智能解决方案提供移动支付、保险和财富管理等一系列服务。[7]云服务和人工智能被嵌入多个流程和产品线中，并根据需要进行调整。因此，该公司可以立刻评估那些可能没有银行账户也从未获得银行服务的人的信贷风险。它还可以让客户在发生交通事故后拍下照片，在短短数秒内向保险公司提出索赔。蚂蚁集团已经将创新和经验在整个组织内进行了大规模的推广。它还走得更远，向外部生态系统合作伙伴提供其人工智能服务。[8]例如，蚂蚁集团的"财富号"，是一个在蚂蚁平台上由人工智能驱动的企业账户，已经为 27 家基金管理公司带来了切实的利益。[9]平均而言，它使这些公司的整体成本降低了 50%，日访问量增加了 10 倍，并吸引老客户更多投资（增加了 3 倍）。

　　企业正从各种各样的云服务中立即获益，供应商提供按需访问服务器、存储、数据库、网络、软件、分析和智能等各项服务。当一个自动化团队采取"云原生"的方法时，这意味着云途径从 DevOps 到部署的每个阶段都被嵌入解决方案中，以及包含在所有采用的工具包中。除了其他益处，还有一个益处是可以在几分钟，甚至几秒钟内完成相应变化的部署，因为它们的需求已经得到充分预期。

　　随着如此多的服务被转移到云端，自动化应用程序和自动化平台也将不得不迁移到那里，因此企业的云迁移战略应包括其自动化平台和应用程序，这对一个在很大程度上接受了单一应用程序培训及积累了相关经验的企业来说，是一个不小的挑战。

　　任何一个从单一程序应用转向在云上构建特性和功能的团队都会发

现这个过程是多么的不同。突然间，他们需要关注以前不是问题的问题，如与其他组件的通信。他们很快就了解到在初始阶段不对 API 进行标准化的危险性，以及轻量级和无状态的组件的额外维护工作。他们知道这个过程是很值得的：因为利用云的优势，企业可以用灵活和具有成本效益的方式扩大一个解决方案的使用规模。云迁移使企业的软件标准化、可扩展，并且可以快速部署，但是学习之路可能是艰难的。

随着云计算服务的广泛使用以及人工智能和机器学习技术的出现，企业能使用智能自动化技术对已知的问题进行决策，预测问题，并提供诊断信息，以减少工程师的运营开支。对于大规模的自动化工作来说，在商业云计算环境中工作，使企业更高效，以及具有战略性，由洞察力驱动。云计算使企业更加灵活、敏捷，并通过在云中托管数据和应用为企业节约了成本。

安全的架构

在一个网络攻击越来越猖獗、黑客入侵越来越频繁的时代，为当前和未来的安全奠定好基础非常重要。每个处理私人、敏感或专有数据的组织，对数据的创建、处理、共享、存储和销毁都必须有强大的协议。时间因素必须纳入数据管理。例如，显然季度或年度未结束时的财务数据比已结束的更敏感，应该有明确和有效的策略、程序和系统来保护组织的数据不被泄露。组织的风险耐受度是由现行的法律、法规和对客户影响的预测来确定的。由于数据类型不同和企业在数据泄露可能性方面的风险耐受度不同，企业在合规方面的规则可能有所不同。

考虑一下爱沙尼亚共和国是如何在约 52000 个政府组织和私营企业

之间实现快速、安全的数据共享，从而提升了公民体验的。从医疗记录到居住信息，所有这些公共数据都是由地方办公室独家存储的。但是，当完成一项任务需要跨部门的信息的时候，例如创建一个出生登记表或者完成一份警方报告，政府工作人员可以通过自动验证身份或核实访问来快速获得信息，以提供无缝的用户体验。[10]

在一个全球性组织中，安全系统应该受到一个正式的治理框架的约束，由一个专门的、多学科的团队来管理。该团队需要确保在整个组织全面部署自动化和人工智能应用程序，以保护企业全球性和多样性的合作伙伴和客户，避免其受到数据模型的负面影响。

例如，许多银行通过合作伙伴在全球范围内运营，有时有成千上万个合作伙伴，他们处理银行卡、抵押贷款和保险索赔业务。同样地，一个全球性制药公司可能与数百个大学研究人员和合作实验室、几千名开展临床试验的医生、一些生产制造伙伴，以及负责分销的多家运输公司都有合约关系。总体来说，这些商业（合约）关系构成了一个庞大的生态系统，其中许多环节涉及客户和知识产权的敏感信息，保护这些隐私数据是一项复杂的挑战。

现在，法律法规又加在这个复杂的生态系统之上。在 21 世纪，很少有企业所在行业不受复杂的政府法律法规的约束，例如：针对接受信用卡付款的卖家的支付卡行业（PCI）法规；针对北美公用事业公司的"北美电力可靠性公司的关键基础设施保护规定"（NERC CIP）；监管英国银行业务的 CBEST 法律；针对制药公司的美国联邦法规第 21 章第 11 款；适用于所有美国医疗保健领域的健康信息信任联盟（HITRUST）；美国国家标准与技术研究院（NIST）所实施的规则；ISO 27001 规定的质量标准；此外，还有其他许多法律法规。

实际上在美国，仅在网络安全和数据隐私领域，企业就必须证明其符合300多项法规的要求。所有这些法规都要求有一个由许多元素组成的管理系统，以共同保护种类繁多的信息。每个企业都需要建立用户数据保护的验证、审计和管理模式，以便在面临安全漏洞问题时，具备能够预防、检测和恢复的信心。在某种程度上，如果一个智能自动化解决方案与独立系统进行交互，并且依赖海量数据，它就必须发挥带有安全控制的架构的作用，来管理网络风险。治理者应向所有利益相关者提供透明度，并有一个安全警报管理系统。

安全是客户信心和信任的基石。在安全得到合理保证的情况下，自动化解决方案的应用会顺利得多。如果客户有所怀疑或不再信任，自动化解决方案的应用就会放缓，从而可能使一项创新举措以失败告终。同时，正如网络安全支持自动化的成功，自动化也可以支持网络安全的成功。

在许多企业中，安全更新的自动化已经大大降低了维护和运营成本。同样，安全软件可以检测到混合云环境中缺少的补丁，并自动采取必要的措施打上正确的补丁和调整配置，以弥补这些漏洞。最后，为了确保与当今的混合现实有效接轨，团队需要提供基于云的解决方案，同时实现对本地数据中心（on-premises data centers）和多云的自动管理。

以平台为中心

当今的企业正越来越多地通过采用平台战略来发展其商业模式，从本质上将价值创造的中心从销售单个受欢迎的产品转移到提供多层基础设施，从而使更多的产品能够被开发和交付，无论是由本企业还是由其他相关方来完成。要理解这一战略，可以想想微软的案例，其 Windows 平台在桌面电脑市场上占据了绝对优势。通过稳步增加高集成度的解决方案，以平台为中心的方法使微软能够不断扩大其在客户运营中的影响力，从而获得了比竞争对手更多的优势。平台战略的另一个突出例子来自亚马逊。它很早就意识到，建立最强大、最高效的运营环境来服务自己的个人客户和企业客户的方式是增强信息处理和物流方面的优势，并将其提供给其他卖家使用。

按照同样的思路，在自动化背景下，追求以平台为中心的方法是建立一个涵盖技术、标准、框架和工作流程的强大基础，并使其能够支持整个企业的自动化项目。因此，与孤立的自动化方法甚至基于自动化产品的方法相比，创新在一个平台上发生得更快。为所有的内部系统、合作伙伴系统和个别业务部门的自动化应用建立一个延续的平台。这种方法能使企业实现一种混合的自动化运营模式——在集中的基础上设立标准并实践，同时，仍然允许个别业务部门和项目团队遵循他们认为对其最有意义的自动化方法。

平台的意义在于，为一个组织内所有想探索智能自动化可能性的团队提供一站式服务。它提供的功能涵盖了整个自动化领域，包括：规划自动化，跟踪和监测自动化的价值实现；预测影响业务的问题；识别与系统互动的、复杂的依赖关系；在整个系统中收获自动化资产。这些平台也有自己的分析和人工智能应用，以指导其用户组合最佳解决方案。

对于业务主管而言，他们过去会花很多天来发现和整合诸多专有技术和第三方工具，所有这些都是非常受欢迎的。有了自动化和集成功能，如"即插即用"模块化、单击配置、虚拟代理和移动警报，向他们的客户提供服务就简单多了。

一个强大的平台可以在速度、敏捷性、生产率和质量方面给予回报。它可以被用来集中管理自动化实践和解决方案。它将使用户以及自动化工程师更加高效和熟练，从而使他们能够专注于更高价值的工作。组织可以获得整体管理的好处——人们使用同一组选定的资产，它们代表了整个生态系统的精华。

重新想象商业模式

当边界消失时，新的空间就会被打开。这创造了一个新天地——为有创意的想法和非传统的伙伴关系提供了一个可以蓬勃发展的空间。

提高一个企业自动化生态系统的一体化和集中化程度，不仅可以创造机会扩大具体的创新规模，而且会带来商业模式层面的改变。它可以开辟与其他企业合作的可能性，解决重大商业、消费者和社会问题。它可以让我们更容易地利用技术的进步来减少今天在流程、交易和商业模式中的摩擦。它还可以让创新的想法以新的速度和敏捷性得以实施和扩大规模。

听起来似曾相识吗？

似乎只有工业制造领域的老牌企业才会努力创造我们所提到的这种新的、敏捷的自动化系统能力。事实上，进入互联网时代已有 20 多年，即使是数字原生公司也会被单体企业架构所困扰。

另一个例子是一个旅游行业的企业，它在 10 多年前是旅游行业最大的颠覆者之一。在它最初推出业务时，进入市场的速度最为重要，因此搭建合适的、长期的、可扩展的架构对它来说并不是优先事项。此后，该企业面临不断增长的客户群和地域扩张的需求。作为解耦措施的一部分，它将自己的平台迁移至微服务上，从而实现了迅速响应变化，并在经历爆炸性增长时增加新功能。

许多其他企业也同样需要不断更新需求。它们中的佼佼者将选择灵活、统一和可扩展的架构，同时也将接受为这些新环境重新设计解决方案的艰苦工作，以及在人才再培训和思维方式转变方面的影响。它们知道这样做带来的益处将超过所投入的成本，因为它们获得了能更快地对市场需求做出反应的能力，例如无缝客户支付。令人惋惜的是，落后者会对摆脱僵化的IT架构所面临的重重困难望而却步，没有认识到这种转变的紧迫性，而随着时间的推移，它们所拥有的笨拙的、不可行的架构会越来越多。我们知道哪条路径能让企业从创新投资中获得更大的优势。通过遵循这里描述的六项原则，一个组织可以用好这条路径。

以平台为中心的方法提高创新速度

一家大型跨国能源公司以自动化为核心设计其未来愿景。该公司采取了一种以平台为中心的方法来缩短创新到市场的距离。通过开放的和"即插即用"的架构，该公司能以非侵入的方式迅速适应技术变化。它所采用的技术和自动化解决方案是面向未来的，并且能非常灵活和迅速地对市场动态做出反应。这可以帮助公司加快创新速度，并确保自动化是可扩展的、灵活的、面向未来的。该公司将设计思维和快速原型设计作为其持续创新的方法，并确保可持续的自动化之旅。

本章要点

- 大多数企业没有能够支持高水平智能自动化的技术基础设施。现有的旧系统通常存在六个方面的缺陷。

- 领先的采用了智能自动化的企业的自动化正在迅速迁移到具有自适应性、便于与丰富的数据结构交互，并以人工智能为核心的架构。适合智能自动化的架构也是基于云的、确保安全的和以平台为中心的。

- 构建一个现代 IT 架构是一个巨大的挑战，当需要从一个日益过时的旧架构中迁移时，情况就变得复杂得多。高可视化的项目有助于优化优先级。

第7章

激励转型

许多智囊团和其他研究人员在研究自动化将给雇员带来什么影响。布鲁金斯学会的一项研究给出了一些警示：美国人今天拥有的多达1/4的工作，可能在不久的将来被移交给机器。低技能工人将受到最严重的打击。该报告的一位作者告诉记者："如果你的工作是枯燥和重复的，那么你可能会面临很大自动化风险。"他还告诫说，即使是受过良好教育的知识工作者，如果他们每天只花一部分时间从事常规工作，那么他们也会受到影响。"事实上，几乎所有的工作都将开始经历一些来自自动化的压力。"[1]

在某种程度上，智能自动化对工作和职业未知影响的恐惧和焦虑是阻碍其进展的最大因素。职场人可以将之看作滑坡效应：开始把任务交给机器，在人类意识到之前，已经没有足够的工作让人类雇员去做了。然而，我们认识的大多数首席执行官并没有设想在他们的组织中减少员工人数。事实上，大多数首席执行官都在计划增加他们的员工人数，因为他们的员工通过自动化赋能，能够为客户创造更多价值。让所有人都能从自动化中获益，降低不确定性，是减少员工恐惧和焦虑的关键。

第 5 章指出，对于任何希望大规模引进智能自动化的组织来说，有一个运营模式至关重要；还有一个重要的考虑因素，那就是自动化团队在制订计划时，对人的境界和人才模式的需求。

智能自动化的成功将取决于拥有合适的团队结构和适当的能力，有合适的人才和技能组合来实现所构想的解决方案。如何实现这一点取决于组织在智能自动化方面的成熟度。例如，自动化项目不应只由 IT 人员领导，尽管团队从一开始就应该将技术人才纳入其中。如果缺乏所需行业知识，那么可能需要有培训或其他形式的支持。这些都是本章要讨论的问题。

然而，一个清晰的人才模型的好处并不仅是让团队获得合适的技能，还能让人们摆正思路。智能自动化工作的成败取决于是否有合适的心态。它是由人们对自己可能受到的影响的期望所决定的。如果一个积极的、以人为本的计划被广泛传播，人们对未知的恐惧和焦虑就会消失。如果员工得到承诺——他们在一个企业中仍有前途，很少有人因为他们会少做一些无聊和重复的工作而感到失望。相反，他们可以开始成为变革的力量，寻找方法来改进他们的工作，使之事半功倍。明确人才计划，这可以帮助激发转型动力。

职场的好消息和坏消息

这里有一个坏消息：让人做出改变是很难、很昂贵、很耗时的，无论我们聊的是他们的技能还是他们的情绪。回顾一下，我们对自动化障碍的讨论（在第 2 章）是从人的问题开始的：在一个又一个的调研中所提到的人才短缺问题和工作内容发生变化，给变革管理带来持久挑战。根据 2018 年世界经济论坛和埃森哲联合开展的一项研究，近一半的受访高管表示，随着机器承担了常规任务，人们转向基于项目的工作，传统的工作描述已经过时。29% 的高管表示，他们已经全面地重新设计了工作内容。[2]

但这里有一个好消息：正因为企业很难像更新软件那样简单地对员工进行升级，所以员工仍将是获得和保持竞争优势的最佳选择。一直以来，人们都认为人的能力是企业竞争中的真正优势。有些自相矛盾的是，在一个高度自动化的时代，这一点将变得更加真实。机器的能力在引入时是很神奇的，但也要考虑到它们在企业、领域（sectors）和经济体中的推广速度，也会对企业竞争力产生重要影响。同时，更加单调的任务被自动化后，那些更高阶任务的影响力就越大——而这些正是依然保留在人类手中的任务。

布伦特·凯泽尔斯基（Brent Kedzierski）是荷兰皇家壳牌集团的学习战略和创新主管，该公司是智能自动化领域的先锋公司。在凯泽尔斯基看来，那些新工具的意义在于让人们有能力做更重要的事情，而不是让他们做更少的事情。"想一想，传感器或无人机可以连续获得数据，而这曾经是由工人坐着起重机上去才能获得的。"他说，"想想那些工人，他们可以从提炼的洞察中获益，以支持更高层次的决策或解决问题。想想跟踪业绩/表现，比较结果趋势，然后运用智能分析来识别新机遇的可能性。"[3] 凯泽尔斯基认为智能自动化正在创造一个充满机遇的新世界，甚至重新定义其所在行业的运作方式，但他也强调，这意味着员工的能力需要提升。他希望人们能够在计算机无法做到的方面多做贡献：

自动化将促使我们提高员工的认知能力和人际交往能力。自动化将提升基本的决策和解决问题的能力，为员工开启一扇大门，让他们在更高的智力水平上与更多的数据互动；大数据所创造的丰富洞察力也将使员工能够以更深思熟虑的方式合作，这需要更多的人际关系技巧和敏感度。

荷兰皇家壳牌集团所认可的是，人才是最终能使其超越竞争对手的因素。但要获得这种优势，就需要通过能够进行复杂信息处理的系统来发挥人的创造力和判断力。

重新培养技术人才

大多数企业在开启它们的智能自动化旅程时，会马上意识到人才方面面临的挑战，尤其是在业务运营、系统开发和部署人才群体方面。这些专业人员中的大多数都是在老一代软件和硬件上接受过培训并积累了多年经验的，但成功的自动化部署和扩大规模需要对业务流程、机器人流程自动化和人工智能技术有深刻理解的人。

在一项又一项的调查中，雇主们反映了严重的人才短缺问题。而且，随着技能要求的显著提高，这一问题可能会非常严重。根据一项预测，对于希望继续担任现职的员工来说，到2025年，40%的核心技能将发生变化，而且50%的员工将需要重新学习。[4]除强大的数字、运营和专业知识外，未来的人才将需要为企业带来创造性的问题解决方式。

埃森哲所开展的研究表明，未来的劳动力正迅速向三种类型发展：

- **机器劳动力（机器人/平台/人工智能解决方案）**。这将成为使一切可以自动化的工作自动化的首要方式。

- **交易型人类劳动力**。虽然企业正在将可以自动化的一切变得自动化，但是仍需要人工干预，以处理那些不能自动化的事情。

- **专家劳动力**。随着简单的项目在很大程度上被自动化，人类将需要从事越来越复杂的工作。他们将做出更多非常规情况的决定，并在以下方面贡献更多思路：如何及何处需要实现自动化，哪些信息可以帮助他们做出更好的决定。

同样明显的是，新兴的专家劳动力群体由两大阵营的人组成：在 IT 领域实施自动化解决方案的专家群体，以及在业务领域为客户创造价值的专家群体。第一类人是那些使智能自动化变为现实的人，包括自动化技术专家（包括自动化开发人员和架构师）、数据科学家、人工智能倡导者、流程架构师和商业顾问（他们拥抱自动化，并担任交付组织的自动化大使）。

第二类人是为客户创造价值的专家，他们得到自动化的极大帮助。特别是从预测模型中获取数据，帮助他们表现得更为出色，他们可以花更多的时间专注于具有高度影响力的业务决策，而不是将时间耗费在提取和处理信息上。以我们了解的一家制药公司为例，高素质的医疗专业人员参与了医药安全监测过程，他们花了很多时间阅读医疗报告。现在，在人工智能顾问的协助下，这些宝贵的知识工作者能够将更多的注意力投入更高层次的工作中去，根据所提取的信息，从而做出更好的决策。

当企业努力寻找合适的人才资源来有效实施智能自动化时，它们有两个基本选择：聘用具有更多相关能力的新员工；投资于技能培训，在现有员工中培养出相关人才。大多数企业不得不并行推进。无论选择什么，都需要在 IT 机构内培养一种更强大的自动化文化。

"文化"是一个在管理类文章中屡屡被提及的词汇，但往往是以一种模糊的方式被提及。基本上它是一个独特合集，包括共同的价值观、公认的符号、习惯的行为和普遍的假设，定义了一个组织如何解决问题和实现目标。文化更深地扎根于人们的内心，而不是有形的工具和标准操作程序。通常谈及文化时是在谈论"我们这里的做事方式"。[5] 整个企业都有自己的文化，但在企业内部，每一个职能部门和存在已久的群体都有自己的文化。IT 机构也不例外。任何关于"做事方式"的转型，都需要超越投资于新的工具包和对员工进行技能培训，必须改变员工的态度和信念，明晰最需要达成的使命是什么。

例如，建立一个微服务架构不仅需要新的工具，还涉及思维方式的转型和文化的改变。这意味着基础设施和应用团队之间要更加泾渭分明，这与过去 IT 机构的操作不同。这种变化必须被巧妙地管理。

另一个例子是，许多观察家已经注意到了一种新的开发者的出现——他们生产的代码没有自定义脚本。这很好地提醒了我们，技术和人才的组合形式始终在变化中。每当一种新的技术方式出现时，就会有不同类型的人才随之出现，这需要妥善管理。

自动化人才发展的一个模式

在埃森哲，显然在智能自动化时代取得成功意味着要对我们经验丰富的员工进行认真、持续的培训。是的，我们继续不断地招聘新的人才，并寻找熟悉当下技术领域的人才，如人工智能、自动化、行业、敏捷、DevOps、数据安全和深度学习领域。

但与此同时，它从来没有试图放弃现有的众多有才华的技术人员，他们和公司一样渴望使自己的技能与时俱进。为了在内部培养所需要的劳动力，埃森哲建立了一个自动化和人工智能职业模型，其核心是一门课程，埃森哲每位员工都要学习这门课程。掌握一系列的技能后，他们就可以升级到新的级别。我们并不是说每一个组织都应该这样做，但值得讲一下其步骤来阐述所要收获的技能和能力。

采用金字塔结构可以使这个职业模型一目了然（见图 7.1）。它反映了这样一个事实，即当一个人以从前获得的技能为基础，拾阶而上，将技能提升到更高层次，就会发现自己置身于一个更为强大的精英群体。当人们开始增强自身的自动化能力时，他们进入了金字塔的第一层，并被称为自动化新手。组织需要很多这样的贡献者，他们在组织提供给客户的无数自动化解决方案中做了大量实际脚本编写工作。自动化新手通常是交付团队的成员，他们可以根据客户业务构思和实施自动化解决方案，建立高生产率的交付系统。

接下来的两个级别：自动化架构师和高级自动化架构师。他们所受到的培训就是为一个成功的自动化项目进行架构、计划、执行，以及提供适当的管理。他们必须至少实施过一个成功的自动化项目，在我们认证其达到这个水平之前，他们必须至少执行过一个成功的项目并达到衡量其交付效益的指标要求。

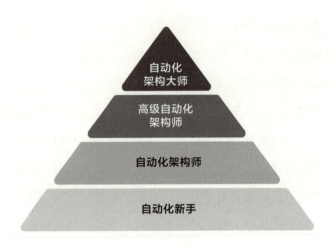

图7.1　自动化专业计划

自动化架构师的工作重点是设计自动化解决方案。自动化架构师通过培训拥有评估业务应用和 IT 全景的技术专长，由此来确定自动化和优化的机会、确定自动化计划和客户路线图、创建自动化解决方案并量化自动化给客户节省的成本及效益、设计自动化资产，以及在一定范围内领导复杂的实施工作。总而言之，自动化架构师要学习的技能是从软件的各个方面建立自动化，从开发、测试、维护到基础设施。他们需要能够定义整个自动化解决方案，并为其制订实用的自动化蓝图。

在我们的职业模型中，最高级别的是自动化架构大师，他们与客户的自动化总监一起工作，创建一个自动化战略并提供方向。基于自动化架构师的设计能力和跨职能项目的基础，他们有能力实际领导这些雄心勃勃的项目。我们在这个层次的培训内容是为他们参与设计组织的自动化战略做好准备，使他们熟练掌握市场趋势，为企业的自动化战略设计路线图，以及管理销售和交付服务。通过构思和定义跨职能的自动化，他们将为投资组合中所有业务制定卓越自动化的相关政策和开展实践。

职业模型与我们在第 1 章中讨论的自动化成熟度模型是一致的。成熟度的每一步都需要一系列能力来实现。图 7.2 的自动化人才模型描述了每个步骤的代表性能力组合。

在这个模型中，课程的设计不仅是为了训练人们掌握相关的自动化工具、技术和技能，而且是为了培养人们对于人机协作的广泛的思想准备和热情。要被认证为自动化新手，仅仅学会脚本工具并能够识别具体的机器人交叉动作，以构成基于脚本的解决方案是不够的；自动化新手还要学会展示可衡量的结果——这有助于促使人们认识到这是重要的进展，并不断发扬光大。一个自动化架构师不应该只是一个编码专家，还应该具有敏捷和设计思维，能规划出适合的自动化旅程。每个级别都需要在获得技术专长和对文化有所贡献这两方面取得可衡量的进展。

同样，本节的重点不在于为其他组织提供一个精确的处方，而在于提出一些关键问题。我们是否应该有自己的内部人才发展和追踪框架？它应该是什么样子的？它能培养什么技能？它能帮助人胜任什么角色？最后，它如何能超越培养技术专长，并成为 IT 机构文化的积极演变的力量，激发接受大规模自动化的思想准备和热情？

考虑到今天市场上有限数量的人才，越来越多的组织将提出这些问题。许多人发现，要想获得足够的人才从而获得足够的智能自动化技术，唯一的方法是集中精力进行内部培训。可以肯定的是，这种培训的内容并不都必须是内部开发的。企业级的、经过充分测试的数字学习平台已经存在，可以大规模地对员工进行技能再培训。不利用顶级供应商已经开发好的材料是不负责任的。

今天，埃森哲的大部分员工都专注于应用自动化技术来帮助我们的客户有效地参与市场竞争。自动化人才模式已经并将继续帮助成千上万

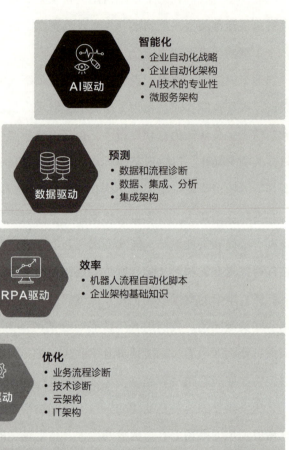

图 7.2　自动化人才模型

的专业人士提升到更高的自动化能力水平。这是一个很好的例子，说明人类和机器合作与其中任何一方单独工作相比会带来更多价值。未来都是关于"人类＋机器"模式的，借助数据和洞察力将推动其增长。在我们的组织中有一个职业框架，它鼓励人们沿着自动化专业技术的金字塔攀登，推动了更高水平自动化能力的实现。

在埃森哲，这种人才模式是成功的，我们可以分享一些成功的秘诀。首先，它必须是非常透明的。接受这种人才模式的员工，能透明地了解埃森哲如何根据职业旅程定制个性化的方案，例如通过工作伙伴（Job Buddy）等机制——这是埃森哲的专利人工智能顾问，可以根据输入的关于过去经验和角色的相关信息，就如何重新学习和提高自己的技能提供建议咨询。透明度的驱动力还在于明确沟通对每个人职业生涯的影响。

其次，这种人才模式旨在激发学习热情。成为一名成功的自动化或人工智能工程师需要结构化的、集中的和持续的学习。埃森哲构建其学习文化的创新方法包括：定制高度个性化的学习路径，提供身临其境的学习体验，支持微学习——换言之，埃森哲提供可以在短时间内掌握的重点内容，使之具有极强的灵活性。我们也相信"在教学中学习"，因为我们已经看到并且能立即向他人分享，在再培训过程中向人们提问对埃森哲学习文化所产生的影响。

重新培训人工智能的新用户

为了产生真正的影响，只在生产端做好推广自动化解决方案的思想准备是不够的，还需要在消费端做好思想准备。管理者应该问：受到影响的商业用户是否已经准备好采用此方案？应该给予用户什么样的培训和指导？那些工作流程将受到影响的人，是否准备好使用新技术进行有效工作？什么样的培训或支持可以帮到他们？

使用自动化应用程序的商业用户必须采用互动方式，与程序、使用情况或流程互动。使用新解决方案的各个小组的工作人员必须学习不同的工作步骤，并采用新的工作方式，重新定义他们之间的关系。更为重要的是，由于采用了某种程度的自动化，现在他们从一些耗时的任务上解放出来，也将做出更明智的决定。除非企业具备适应这种变化的能力，否则自动化解决方案就不能发挥其作用。

在最近的一项对已经实施机器人流程自动化的企业的研究中，研究人员对那些实际工作受到引进这些工具影响的员工展开了调研。好消息是，接近一半的人回答说："是的，它消除了一些琐碎的日常任务，使我们的工作变得更有效率，使我们更好地关注我们的工作/客户"。尽管如此，仍有大约相同数量的人报告称，对机器人流程自动化的投资并没有真正消除琐碎的日常工作，或并没有使员工更好地专注于他们的工作/客户。这说明失败不在于技术方面，而在于员工如何做好准备和获得授权，以便将注意力转向其他不那么琐碎的任务。[6]

在一个非常现实的意义上，人工智能和自动化的用户不止包括 IT 专家或技术专家。企业的终端用户往往对底层技术一点都不了解，因此应该在客户关系中采取一些措施，来帮助他们积累经验。这里有一些基本原则，不仅能帮助一个技术团队，而且能帮助整个企业拥抱自动化。

普及智能自动化的益处

首先，回到本章开始时所表述的担忧，我们不应该假设自动化解决方案团队会受到各方的欢迎，完全不被质疑。恰恰相反，更现实的情况是会有一股强烈的暗流。

聊天机器人和对话式代理首次被引入以促进销售的时间并不长。早期的聊天机器人并没有产生预期的结果。从管理的角度来看，它们被视为非常有用的自动化，但客户对聊天机器人的兴趣却迟迟不见长进。多种因素解释了客户的这种犹豫不决，主要可归结为终端用户如何看待技术的使用。通常，用户先入为主地代入在其他环境中使用类似技术所获得的看法。一般来说，终端用户非常重视人与人之间的互动，这同样适用于交互式语音应答：即使经历了所有的自动化步骤，人们还是会选择与人交流。挑战在于教育用户如何使用该技术，并让他们更清晰地认识到该技术为他们带来的价值。

其他环境中的员工也可能对引入的自动化有同样的疑虑。关键是要事先确保将会使用新工具箱的人不会感到威胁。管理人员需要为新技术的推广提供支持，帮助企业中从上到下的每个人，都了解如何使用新技术提高工作质量。产品营销的口号一直在强调益处，而非功能，这一点同样适用。

例如，大多数矿工可能不会反对自动化，因为将智能的、配备传感器的机器带入矿井，意味着减少了未被发现的有毒物质泄漏的风险，所以当荷兰皇家壳牌集团为其远程维护人员引入 RealWear 头戴式显示器时，他们并不反对。管理人员并没有花太多时间去宣传这些头戴式显示器背后的高科技技术——不管这些技术对软件工程师有多大的吸引力。他们强调了这样的情况，比如说，一个远程维护人员会发现使用语音控制设备来发送一个图像是非常有用的，并可以在解决问题时获得实时帮助。[7]

事实是，人们在思考自己的工作场所和工作结构时，通常可以很容易地看到智能自动化带来了真正的进步，这对其未来的工作产生了积极的影响。许多被自动化的任务涉及平凡的、大批量的或重复的流程。通过让自动化承担这些任务，人们就有更多的时间来执行高阶的、非程序化的工作，这些工作需要创造性地解决问题、创新、酌情决策、批判性分析和人际沟通。

为了在获得自动化益处的同时不让人才难过，我们的建议是，从员工本身和一些简单的事情入手，如便笺练习。在寻找机会之初，我们已经与许多团队一起做了这个工作。每个人都在便笺上写下他们在工作中经常执行的任务，一项任务一张便笺。然后，他们在每张便笺上添加一个表情符号——微笑、皱眉或介于两者之间，以表明他们有多重视执行这个任务。他们从继续这项任务中学到了什么吗？它是否给他们带来了快乐？人们紧蹙的眉头清楚地表明他们有多不介意看到机器拿走那些琐碎的工作，特别是如果这意味着用更多他们喜欢的工作来填补这些时间。

总部位于纽约的纽约梅隆银行在其业务中部署了200多个机器人助手，以提高效率和减少代价高昂的错误。这批机器人助手正在加速该银行的关键支付处理，减少了员工识别和处理数据错误的时间。组织结构改变是这一创新的关键组成部分。该银行的许多机器人助手都来自其新的全球创新中心。在那里，团队围绕着解决特定问题而组建起来，可以自由地重新想象"可能的艺术"。[8]

给其他公司带来的启示很简单：不要指望仅引进一个自动化解决方案，而要做一些快速入门的工作，并让人们心平气和地接受。思考并计划：谁是消费者？如何让他们准备好？他们将如何在当下使用自动化方案，以及这将为他们创造什么样的推动力？清楚地告诉员工和客户，新的工具和技术如何能够使日常交互更有吸引力。

创建一个以人为本的战略，实现组织转型、培训新的技能，并实施这些变革。正如荷兰皇家壳牌集团的凯泽尔斯基所说："将员工视为业绩的核心要素。"要非常明确，自动化的目的是提高人们目前的工作效率，而不是要取消他们的职位。识别出内部技术倡导者，他们可以向其所在团队展示自动化在其他地方所展现出的好处，无论是在行业内的其他公司还是在他们作为消费者的日常生活中。提供可获得的和相关的解决方案，并为个人、团队和工作带来明显的价值。

将自动化的优势转化为人的优势

未来的工作流程，将越来越多地由智能自动化驱动，颇为矛盾的是，也将变得更加人性化。它们将以更适合人类的方式进行设计和实施，无论其重点是企业员工还是客户体验。两者都会受益，以某时尚零售商旨在提供个性化客户体验的变革为例，甚至它最终达到了提供个性化产品的程度。现在设计师们在人工智能的帮助下，有能力制作出真正让客户满意的作品。同时，保持自动化以人为本，也意味着要致力于使人们保持高薪工作。

在埃森哲，尽管我们已经在业务流程外包服务中部署了流程自动化，这等同于 20000 名员工的工作量，而且这个数字还在不断增长。我们的优秀员工没有因此而失去工作。那些工作被转移给机器的员工发现，他们的角色转移到更为复杂和更有价值的任务上，机器人解放了他们，使他们更具创造力。我们相信，以人为本的方法会将自动化带来的成本节约投资于最重要的、高度人工参与的差异化因素上，同时将自动化的优势转化为人的优势。

避免神秘的黑匣子

尽管大多数技术的使用者并不觉得了解其工作原理是必要的，但当技术进入认知领域时，情况有所不同。为了获得人类的信任和信心，人工智能和其他支持决策的工具应该有一个可理解的、达成结论的过程和模型。首先，这意味着体现在算法中的逻辑和过程是透明的；毕竟参与决策的人，将不可避免地被要求向其他利益相关者（如重要客户）解释。

以英伟达（NVIDIA）公司的人工智能自动驾驶汽车平台 Drive PX 为例。即使对该公司的工程师来说，要准确解释 Drive PX 是如何自动驾驶的也是一个挑战。因此，他们开发了一种方法，让机器通过视觉的方式解释其驾驶原理。通过将最近驾驶过的街道的街景视频叠加在做出驾驶决定时优先考虑的区域，Drive PX 打开了机器学习的黑匣子，向可解释性迈进了一步。[9]

在大多数智能自动化解决方案中，打开这个黑匣子也意味着允许人类发现什么时候逻辑是错误的，应加以修改以产生更好的结果。人类了解什么时候介入以及如何介入，收回控制权以避免对业务表现、商誉、合规，最重要的是对人类本身产生不利影响，这一点至关重要。

不断演化的文化

要拓宽人员管理的视角，一个需要关注的重要领域是培养有助于自动化的组织文化。我们已经简要地讨论了其中一部分：建立信任，目标是提高人们目前的工作效率，而不是取消他们的职位。但要实现文化上的改变，还需要激发人们对其他应用的可能性的想象。比起驱散恐惧，更需要做的是提高积极的期望。员工是可以近距离观察到运营中低效率和质量问题的人，要怎样做才能让每个员工都习惯性地发问：“这项工作是基于规则的和重复性的——为什么还没有实现自动化？”

任何地方都可以是灵感的源头。例如，荷兰皇家壳牌集团称，集团的一位工程师香卡·巴哈特（Shankar Bhat）要感谢他 10 岁的女儿塔尼莎的一个想法，这个想法将虚拟现实（VR）技术引入了一个新的深水石油项目的安全培训程序中。她曾从她的朋友那里听说，在吉隆坡的一个购物中心里有一个 VR 柜台，消费者可以戴上护目镜，坐在一个机械化的椅子上，他们将沉浸在一个令人激动万分的、横冲直撞的恐龙世界中，像侏罗纪公园里的场景。当她恳求父亲带她去那里时，她的父亲看到了同样的设置对荷兰皇家壳牌集团会多么有用。[10]

我们在前面提到，便笺练习可以帮助人们从更积极的角度看待自动化。事实上，最早使用这种方法的是埃森哲的软件开发团队，其输出包括自动化的实际目标。我们收集了人们最不喜欢的任务，并对每项任务进行了问询：“我们能否将其自动化？我们真的不想做这些工作，而且我们还有很多其他工作要做，所以这些工作可以由机器来处理吗？”

人类是天生的问题解决者，但雇主却很少鼓励一线员工对标准操作程序提出问题。其实只要给予一点鼓励，人们就会开始指出可以使他们的工作达到一个新水平的方式。首先从以下问题开始：你在哪里花费了大量的时间但得到很少回报或没有回报？是在追踪状态更新、处理客户沟通，还是制作报告、重复发送发票？管理人员应该鼓励员工的主动性，认可并嘉奖那些提供了有关自动化的点子或者进行了相关尝试，对企业产生了积极影响的员工。

这一点将变得更加重要，尤其是随着非技术人员越来越有能力使用简单的界面技术来设计他们自己的自动化解决方案，其中一些将被证明是可推广的。正如消费者有能力通过语音命令、手势和其他方式在他们的设备上建立简单的、定制化的应用程序，员工会很快就能够充当程序员。随着需求的增加，被称为无代码解决方案的供应商将继续成倍增加。

10 年前，IT 机构努力应对"自带设备"（bring your own device，BYOD）的挑战——越来越多的员工倾向于携带自己的便携式硬件和软件来工作，因为他们愿意投资于装备来提高自己的生产率。现在出于同样的原因，企业可以期待员工"自带人工智能"来工作。受到激励、提高自己自动化水平的人将在应用自动化方面发挥积极作用。当然，在努力控制可能引发的风险的同时，公司管理人员应该确保企业内人才不怕尝试和提出非传统的想法，这是企业学习和成长的重要组成部分。

另一种表达方式是说，企业应该围绕自动化培养一种所有权文化。管理者应该进行一种文化审计，评估组织障碍或文化障碍是否以及怎样阻碍了自动化解决方案的开发和部署。然后，他们应该重新认识文化变革的所有经典工具。组织文化变革和领导力的专家埃德加·H.沙因（Edgar H. Schein）将其归纳为八项活动[11]：

- 提供一个令人信服的积极愿景
- 提供正式的培训
- 确保学习者参与到有关变革的政策和执行中
- 为相关小组和团队提供非正式培训
- 提供训练场地、教练和反馈

- 发挥积极的榜样作用

- 提供支持小组，使学习中遇到的问题能够被交流和讨论

- 提供与新思维和工作方式相一致的系统和结构

对许多企业而言，建立起一种创新的和以客户为中心的文化，意味着要克服长期以来形成的惰性。设计思维的文化需要有机地成长。员工必须能够了解大局，并学会将一个企业的所有变化部分看作互相联系的多个系统。他们需要了解任何一个系统的变化是如何影响其他系统的，以及最终对整体有什么影响。

特别是方向的改变会带来学习的焦虑，即显然需要学习新的东西，而在学习过程的艰苦程度上又有一些不确定性。在这种情况下，帮助员工认识到做出变化是可能的，而且是值得的非常重要。建立一种以信任和透明为基础的所有权文化，有助于确保新工具和新技术能够真正提高员工参与度。

鼓舞人心的领导力

在企业的自动化旅程中，最高领导层对于自动化的认同和了解是最为关键的。通过充分了解人工智能带来的机遇，具有前瞻性思维的领导者可以成为整个企业智能自动化的开拓者，并帮助解锁一系列益处和更好的结果。但是，如果他们选择将注意力集中在其他优先事项上，并将自动化这一战略活动的权限下放，他们将在许多方面破坏成功。

通常情况下，在企业最高领导层中至少需要有一个人能够理解其中

所涉及的利害关系。如果你是这个人，你就要尽自己所能为其他高层管理人员创造了解自动化的场景，例如就目前的应用经验，与之交换意见、讨论数字化趋势，以及确定员工目标。借助设计思维技术和动员会，我们已经成功地与顶级团队合作，达成管理人员能够接受并开始执行的愿景和行动计划。

一般来说，是企业内部的技术领导层先看到智能自动化的巨大潜力，以及其将势不可挡地渗透到业务各个方面的趋势。同时，还有一些人可能更乐于接受商业案例，但是他们可能仅仅是为了削减成本，对自动化潜力的认识还不足。那些会迅速成长并成为其行业翘楚的企业，将是那些在组织内系统化地拥抱自动化变革的企业，它们利用自动化来推动其产品、服务，甚至是商业模式的变化，并将继续给它们自身和它们所在的行业带来持续改变。

如果离开最高领导层的推动，这一层面的变革压根不可能发生。幸运的是，有迹象表明这正在发生。在最近一次对全球商业领袖的调研中，超过一半（52%）的受访者表示相信，在未来五年内，对高级管理人员来说，了解包括人工智能在内的新技术和新兴技术将变得更加重要，将比深耕传统管理领域（如销售和服务）更为重要。在进入一个科技飞速发展及以科技赋能劳动力为特征的时代，这也被受访者视为公司最高领导层的首要特质。[12]

准备好发挥作用

过去几年内，新的智能自动化解决方案大量涌入美国的工作场所，与此同时，失业率创下新低而参与率创下新高。也许这并不足为奇。自动化的影响似乎并不包括工作岗位的减少和创造一个让人类优势尽失的未来。

先进的企业正在使用智能自动化来推动新的、更有成效的人机关系，这不仅仅是自动化技术及其开发者的胜利。除非员工已经转变到一种所有权文化及以人为本的发展进程，并展现出前沿探索精神，否则这不可能实现。[13]

以在线个人造型公司 Stitch Fix 为例，造型师们在引进人工智能时，并没有将其视为一种威胁，他们很快就开始称他们的机器同事为"永远的好友"（BFFs），因为人工智能帮助造型师更好、更快地完成工作，通过算法从大量数据中筛选出可能的服装和配饰推荐[14,15]。他们也喜欢在推荐中看到的式样。毕竟，支撑智能自动化的数据和人工智能，大多还是时间所沉淀下来的人类经验的数字表达。归根结底，智能自动化的最终目标是客户有更好的体验，而员工则更乐于参与。只有当允许团队专注于更高层次的任务时——这些任务远比那些更容易被机器管理的工作更有成就感时，才能实现这一目标。

企业领导者明白，对人才的投资和建立一种自动化文化情结是利用不断发展的信息技术的最佳方式。诚然，系统将不断升级，劳动力也必须不断进步，无论是在 IT 机构内部还是在整个企业中。事实上，一个沉浸在昨天的技术中的员工队伍是创建成功所需的广泛、灵活、以人为本的系统的最大障碍之一。似乎，智能自动化只是在将更多的任务从人转移给机器。但沉思之后，这并不是一个未将人类包括在内的未来世界的愿景，人仍然是适应性系统的核心，人与机器协作从而做出可靠的决定，并以指数级的速度采取自信的行动。

智能自动化的真正力量在于，它具有从根本上改变企业和个人传统运作方式的能力。智能机器所具备的优势和能力与人的才能不同，但又高度互补。随着智能机器的日益成熟，它们将帮助人们更好地做事，以及做更好的事。

人与技术的连接

不止一家公用事业公司目前正在探索如何用三维、扩展现实和人工智能技术来帮助操作员在任何时候培训他们的电厂人员。利用虚拟现实工具，他们可以设计训练场景和进行模拟，如果在现实世界中进行，这些场景将是无法进入的、昂贵的或危险的。这种模拟也适用于大型的、复杂的场所如购物中心和主题公园的应急反应计划。人与技术的互动可以产生显著的影响，不仅可以培训工人，而且可以使设施对每个人而言都更安全。

本章要点

- 如果员工没有能力和热情支持变革，任何企业都不可能实现智能自动化的潜力。
- 新的技能是必需的，而且不仅仅体现在技术方面。庞大而多样的员工群体需要接受新的工具，也需要培训和人才发展。
- 企业文化需要朝着适应变化和成长导向的方向转变，在这种文化中，人们渴望技术能帮助他们更好地发挥人力优势。
- 领导层必须全身心地投入人工智能中去，用语言和行动表明态度，并帮助其他人看到人工智能的潜力，让其他人相信人工智能会给员工、客户和社会带来更好的未来。

第 8 章

保持收益

这是所有类型变革举措中的一个常见问题：变革是以巨大的努力和热忱完成的，并被记录在册，以表明这是奏效的。开庆功会，供应商满载而归，获得了很多褒奖，亮眼的案例研究也得以在媒体上曝光。每个人都掸去手上的灰尘，准备投身于下一个新事物。他们继续前进。

然后，成功停滞不前，前进的势头停止，甚至可能开始退步。

当我们开始写这本书时，我们就知道将不得不用一章来讨论维持价值所面临的挑战。企业经常遇到的情况是，倒退确实时有发生。即使一个企业的管理者在规划自动化旅程方面没有特别的野心，在自动化成熟度方面，他们可能乐于停留在第二层或第三层水平，但如果他们不积极努力，保持他们已经设法获得的自动化优势，优势就会迅速被削弱。

这就是为何我们在帮助制定自动化战略时坚持要包括最后一项原则：我们称其为"持续"，事实上将其称为"维持和加强"更好。简单地维持现状并不是一个可行的选择，因为智能自动化所涉及的技术继续向前发展，而它们所要解决的问题也在不断发生变化。为了保持自动化的优势，企业必须不断地推陈出新，寻找办法取得创新，并与市场的整体进展保持同步。

  本章就维持智能自动化的投资回报提供了建议，并表明这面临着多层次的挑战。就单个项目而言，如果不加以维护，解决方案就会执行不力；更有甚者，在整个企业的层面上，持续的挑战在于如何保持新的自动化势头和提供应用创新的解决方案。我们强调通过不断跟踪行业趋势，拥抱新的技术发展（例如，云上自动化），并紧跟不断变化的市场需求，来推动前进的步伐和建立敏捷性的重要性。我们强调建立一种欢迎富有成效的变革和培养不断创新的人才的文化，这是一项艰难而必要的工作。我们再次强调，一个坚定的领导团队的力量，他们愿意不断想象和追求更好的方式，以使人工工作得以赋能和提升。

元气满满的开始

  这个建议在本书中可能出现得比较晚，但在自动化创新项目背景下，应该尽早考虑它。在创新项目伊始，就应该声势浩大一些，做出强有力的资源承诺，精心设计传播方案，使之入耳入心。企业领导人需要让尽可能多的人——从业务人员到分析师再到数据科学家，对他们心中的未来状态感到兴奋。通常情况下，前进的步伐停滞下来，至少有一部分原因在于一开始就没有注入足够的能量。

  这种能量水平可能是很难衡量的：在一场变革的早期，人们往往会表现得很投入。他们似乎至少明白了计划背后的逻辑，并理解将能力落实到位的紧迫性，因为无疑竞争对手也在关注同样的机会。通常，他们对新的工作方式抱有真正的希望，并对它们将产生的更好的结果持乐观态度。所以管理者们可能会有这样的印象，那些积极表示支持并采取主动行动的员工代表了整个企业对变革的热忱。但这些都可能是有欺骗性的。每个大声疾呼的支持者的背后，不一定有 10 个同样热情的支持者，可能只有一个。

人类学家玛格丽特·米德（Margaret Mead）有句名言：永远不要怀疑，一小群有思想、有决心的公民可以改变世界；事实上，这是唯一能够改变世界的力量。确实，所有的改变都是从这个层面开始的——有时候一小群人可以靠自己的才能和决心走得超乎想象的远。但是，试图带来持久变革的经理人并没有指望这些，而是聚集更多的团体一起努力。正如变革管理大师约翰·科特（John Kotter）所强调的："除非有足够多的人乐见其成，不仅需要从逻辑上认同，还需要更多情感上的认同——倾情投入——如果你愿意的话，一个小的引擎也可以带着一个大组织走很远到达终点。"[1] 这意味着变革的引擎必须不断加油，但更根本的是，科特指出："这意味着从一开始，管理者就必须调动组织的能量，推动所期望的变革，并使其有很大的机会完成变革。"

能源公司加快提升新能力并降低运营成本

一家大型跨国能源公司的 IT 机构提供了一个令人印象深刻的例子，从明确战略意图，到重新审视其系统架构，再到重新培训其经验丰富的员工，环环相扣。在战略意图方面，该 IT 机构专注于加强新的应用程序开发，并加快其进入市场的速度，即更快地将创新成果交付给公司内部的业务部门客户。在2017年，它着手应用智能自动化，旨在减少60%开发和部署新解决方案所需的工作。它希望看到新功能的更快交付，同时将运营成本至少减少一半。

考虑到这些雄心勃勃的目标，管理人员举办了讲习班和黑客马拉松来激发创意。16个月后，他们通过一个严格的机会评估流程，确定了不同的领域并确定了优先次序。为了保持工作沿着多个轨道同时进行，他们建立了一个集中的自动化框架和平台，来支持整个自动化生态系统，并创立了一个卓越中心来推进这一旅程。

不久之后，该能源公司可以证明它已经节省了数百万美元，并能够将员工重新部署到其他领域，同时提升了运营速度和可靠性。然而，这只是这段旅程的中间部分，这段旅程至少持续到2023年。正如这家能源公司所认识到的，一个完善的解决方案被部署后，这个旅程不会结束，这种优势必须要持续下去。

认可进步

在成功部署自动化后，重点转向维持其价值的工作，这时一个问题呼之欲出：已经创造的价值到底有哪些？这些尝试一开始就设立了有关成本、绩效等级，以及产品和服务的基线。但现在有一些更聪明的解决方案已经到位，所以基准已经变了，要捍卫新的基准并且要将其作为下一个启动点使用。

因此，我们的基本建议是，要衡量哪些因素对业务和文档进展至关重要，按下暂停键，对项目的进展情况进行严格的评估。这种评估不应仅涉及一个企业在其自动化旅程中所取得的进展，而且还要衡量每个自动化解决方案或用例给企业和客户带来的价值或影响。尤其重要的是要标注出那些尚未实现的案例，这样管理人员就可以迅速地采取行动，来解决当下的问题并实现更多的价值。我们所了解的大多数企业都仔细考虑了指标，定义了它们希望达成的与客户和市场有关的关键绩效指标，也包括商业运作、IT 效率以及自动化本身的进展。

举个例子，试想一下一家健康保险公司正在努力实现客户索赔流程的自动化。一旦它推出了新的解决方案，它就应该持续地测量许多方面的性能。有多少客户在使用这个新的应用程序？客户通过新应用程序提出索赔需要多长时间？新的应用程序是否有助于代理人更轻松地销售更多产品？新的应用程序性能是否稳定以及是否有更少的客户投诉报告？新的应用程序是否通过自动化节省了目标工作？这些问题都转化为关键绩效指标——客户、易用性、市场渗透率、IT 性能等。第 5 章强调了制订计划的重要性。其中的一个重要部分是为效益的实现和跟踪做规划，而它需要一个强大的指标和测量系统。

有时，这种严格的文件的雏形已经以供应商协议的形式存在了。如果一个企业依靠服务供应商来完成必要的重复性工作，像信息技术服务中经常出现的情况一样，无疑它在执行合同时就建立了成本和服务水平基准，并由此对其进行追踪，还可以更新，以反映实施以来获得的效率提升。

然而，记录事情的现状和必须维持的情况不仅包括企业看到的结果。它所取得结果和必须保持成果的另一个方面，是为实现这些新的服务水平和成本削减而设置的一整套元素：技术、流程，以及所获得和建立的知识。如果不积极维护，所有这些都会受到侵蚀和腐化。而所有相关文件最好在自动化的过程中完成，而不是留到最后才完成。在整个自动化的过程中，管理者必须做出努力，不仅要跟踪中期目标的实现情况，还要反思实现这些目标的过程，如果进展比预期要慢，就要反思哪些方面可以做得更好。

因此，记录成就是至关重要的，但这听起来还不够令人满意。管理者应该更进一步，庆祝这些成就的取得，以及这些成就涉及的创新工作。这也是奇普·希斯和丹·希斯（Chip and Dan Heath）在其著作《行为设计学：零成本改变》（*Switch*：*How to Change Things When Change Is Hard*）中所强调的，正如该书名所表明的，这是一本关于如何实现转型的实用书籍。作者用最后一章专门讨论了需要"让转型持续"，或者像我们所说的，保持收益。作者建议："首先要做的是，承认并庆祝第一步。你所做的事情成功了……你的团队正在前进。当你发现在向前推进时，你必须增强这一趋势。"他们指出，唯一的问题在于："我们大多数人都是糟糕的助推者。"我们必须改变自己的习惯，以便能够激励他人。"学会发现和赞美类似的事务，需要我们不断地扫描环境，寻找小缕小缕的阳光，这并不容易。问题很容易被发现，进步则难得多。"[2]

从挑剔的心态转变为欣赏的心态，对完成的工作表示敬意，是激励人们坚持下去的最佳方式：它不仅能产生一种满足感，还能证明自身的工作对企业来说真的很重要，而且被管理者注意到了。特别是那些以"对员工或客户产生的积极影响"来描述的胜利，更具有激励作用。例如以更快的服务或大大减少挫折感的方式。每个高能见度的成功案例都有助于建立信任和激发对新一轮变革的热情。

重塑雄心

当我们想到在智能自动化解决方案方面与埃森哲合作的数千家客户时，我们经常根据它们的自动化成熟度将它们分组。其中一些客户，我们会将其归类为数字化转型前的客户，因为它们仍在思考 21 世纪的基本挑战，譬如将服务迁移到移动平台。其中大多数客户正处于实现数字化转型的密集期。此外，还有少数企业可能占据了我们所遇到企业的10%~20%，它们凭借在自动化工作方面的投资和经验而处于先锋地位。

把智能自动化比喻为旅程意味着，任何企业都有可能到达目的地。但同样重要的是，并不是每家企业都渴望达到先锋的位置。一些在我们的自动化成熟度模型（见图 1.2）中处于第三级的企业对其能力水平非常满意。有些企业的结论是，它们的商业模式不需要迈向更高成熟度水平。保持一个成熟度水平需要采取适宜于这个水平的行动，而将其推向更高水平则需要付出各种努力。

因此，当任何实质性的自动化开创之举逐渐进入开发尾声和交付阶段，有一个重要的问题需要被提出来：这是否会建立一个我们想要维持的新现状？或者，在取得这一成就以及提升了组织的一项新能力之后，我们是否应该志存高远？在未来几年，我们是希望面临"维持"现状的挑战还是继续"增进"的挑战？

不同环境下的不同组织有不同的答案。过犹不及的说法是很有道理的，即使出现一些倒退，也仍然能保证还能保持所期待的新能力的水平。一个只有有限的能力来学习和整合新技术和新方法的组织则有过度扩展的风险。好的管理的一部分是认识到什么时候"变化疲劳"开始出现，人们需要一个喘息机会以及巩固所取得的成果。

好的管理的另一部分是保持向上的势头，并始终有一个计划以防组织陷入沾沾自喜、故步自封的状态并因此落后。在社会政策制定领域，人们经常指出"政治是可能的艺术"，意思是说，一个特定的政治阵营可能会认为许多事情是理想的，但它的领导人必须非常务实，考虑到其他事项的制约或者与其他事项的冲突，必须聚焦于那些真正可以做到的事情。同样的现象也存在于大型组织中，智能自动化的内部倡导者可能有一个实现更好的未来工作的宏大远景，但他们必须按部就班地接近这个愿景，将他们所面临的限制考虑在内，而不能只看到回报。

建立一个卓越中心

到目前为止，我们在不同的章节中讨论了智能自动化难题的不同部分，探讨了如何克服组织面临的人员、流程、技术和战略问题。任何一个自动化成功故事中最重要的一点在于，所有这一切都要到位，并成为一个生产体系内互相增强的部分。同样，这意味着保持成功并不是轻而易举的。所有这些元素必须持续发挥作用并保持一个高难度的平衡。

这意味着需要一个持续的控制和管理体系——一个正式的程序或机制来监测解决方案在实践中的表现，并在需要时进行干预，以保证事情正常向前推进。反过来，这也意味着组织的某些部分应该对这种控制和管理负责。必须有人负责不断质疑：应该采取何种运营控制措施来确保在解决原有问题的过程中不会出现其他问题？组织如何了解控制和管理体系本身是否需要调整？但是，鉴于 IT 和业务之间经常出现的角色混淆，这是一种经常被忽略的责任。谁应该对问题负责并不明显。

这可能是建立卓越中心的最有说服力的理由（如在第 5 章讨论过的）。尤其是在大型组织中，自动化解决方案很容易激增，但随后就会偏离管理人员的监控，并从组织的优先事项列表中消失。参与设计开发的技术人员转移到其他项目，甚至其他工作上。当解决方案的重要性下降后，参与使用这些解决方案的员工开始寻找其他变通办法。通过对所有已经部署的解决方案是否仍在正常运转保持实时的了解，卓越中心可以防患于未然。卓越中心可以基于现在的情况，判断哪些解决方案可以被改进，哪些机会可以作为下一步目标，从而维持组织的自动化优势。

无论一个组织是否已经建立了卓越中心，它都需要专注于对解决方案的持续关注和支持，展开来说，就是要延续多年来由许多自动化项目所塑造的发展势头。尽管将一个项目标注为已经结束很有诱惑，但上述努力必须继续下去。

继续跑步前进

《爱丽丝漫游奇境记》和《爱丽丝镜中奇遇记》是刘易斯·卡罗尔（Lewis Carroll）的儿童经典文学作品，其中有许多著名的台词，但对于技术专家来说，最令人难忘的可能是红皇后的声明："现在，在这里，你看，要全力奔跑，才能留在原处。"在机器学习、分析、人工智能和数字化的劳动力时代，这对那些希望保持自动化优势的组织来说无疑是正确的。一个组织的领导者会吃惊地发现自己在奋力追赶，而能力如果不持续升级就会变成负债。

　　事实上，甚至可以说一个经过巧妙构思的解决方案从推出那天起就已经过时了，尤其是那些花了太长的时间将其从构想变成现实的方案。这就是持续发展和创新的概念在组织中得以迅速传播的部分原因；快速变化的条件不仅要求加速发展，而且要求解决方案能变得更为敏捷——可以根据实时反馈和新的可能性灵活地改变方向。持续发展和创新的一些最知名的采用者是大型技术公司，如亚马逊、脸书、谷歌和奈飞。这些科技巨头经常在生产中部署新的功能或变化，不是以每天一次的频率，而是以每天数百甚至数千次的频率。

　　在过去的十年内，自动化技术一直是所有技术中发展最快的。以零售业为例，零售业过去很简单。零售商找到了商店这种有效的载体形式，并通过纯粹的复制来扩大规模，开设更多的店铺，一切都是围绕着商店展开的。自动化被应用于如库存管理等后端零售业务，大批量、常规性执行特定的任务，确保高效性、一致性和透明度。所有的自动化曾经都是这样的——提供点状的而且非常零散的解决方案。自动化针对一家企业的痛点提供解决方案，这会引起其他有同样问题的企业的关注，这些企业会在任务层面采用给它们留下了深刻印象，能够提升生产率的解决方案。然而，超越任务层面，在真正提升企业整体竞争力的层面，自动化并没有实现生产效率的提高。

　　此后发生的演变不仅体现在任务层面的生产率上——尽管这确实发生了，特别是随着人工智能的引入，一些非常标准的流程完全实现了自动化。必然的是，演变的方向是给这些孤立的自动化打补丁，并将其汇总到一个可以被拓展到整个系统的方案中。

零售业自动化开始更多地关注客户界面，以及如何通过端对端自动化来提高服务质量。在 20 世纪 90 年代初，Netscope 公司推出了它的第一个网络浏览器后，电子商务的变革真正开始了。此后很快，必胜客给顾客提供了在线订购的机会，而 eBay 则为购物者提供一个新型的市场。

正是在这种重新构想的企业模式中，除了提高生产率方面的优势，数字工具的其他优势也获得了越来越多的认可。如果仅仅把自动化描述成将职责明确的工作从过去从事它们的人手中夺走，会严重限制从中获得的潜在益处。当企业现在进入后数字转型时代，许多企业正在摘掉有色眼镜，因为它会阻碍企业看到除运营成本节约的生产率优势之外的其他优势。例如，零售商现在有新的方法来研究顾客行为，了解购买模式，提供个性化定制服务并改变购物体验。在其他行业，企业正在构想自身发展以面对新机遇，实现以前不可能实现的差异化竞争优势和增强客户体验。

在很短的时间内，我们已经走过了很长的一段路。预期这一趋势会在未来几年内停滞不前是否有道理？更有可能的是变革的步伐将继续加快。仅仅为了保持通过智能自动化取得的竞争优势，企业将不得不继续向前推进，追求下一代技术的可能性。要做到这一点，则需要它们发挥所有的想象力，因此它们必须不断地让员工参与到创新活动中来，比如黑客马拉松和设计思维研讨会。它们将不断通过"客户的声音"和员工的创意收获想法，并投资于规范的流程来追踪智能自动化技术的新发展，以及智能自动化在不同商业领域的应用。为了留在原地，它们需要不停奔跑。

培养你的员工

这句表述很直白，不得不说的是：如果一个企业不持续投入就无法维持变革的努力。自动化方案必须有资源来维持，才能越变越强。但变幻莫测的企业预算有时会让它们青黄不接，无法继续前行。

从根本上说，所需的资源就是财务投资，但它们用于支持更基本的能力，而不是用于支持可以通过采购订单获得的东西。最大的回报来自对人的能力的长期投资。杰克·蔡（Jack Chua）是在线旅行社 Expedia 的数据科学总监。他是这样说的："如果你决定在内部建立一些系统，就很难找到一位深度学习专家或机器学习专家来做长期维护。这意味着你的业务必须足够成熟，才能留住这些工程师。"[3]

即使是那些由供应商提供的智能自动化解决方案，它们也仍然存在资源方面的要求。杰克·蔡指出："很多人都有这样的观点，一旦他们为我建立了某个系统，系统建完了就意味着我有能力了。实际上，这还需要长期维护及改进，"例如，"可能会有漏洞。"他强调没有任何解决方案是完美的。这意味着"从战略角度或技术角度来看，你必须把它作为一项长期投资来考虑，而不是一蹴而就的"。

这是一个重要的提醒，智能自动化并不是一个事件，而是一个过程，更准确地说，是一段旅程。

保持管理层的参与度

在我们所看到的每一个成功的规模化的自动化方案中，治理都是重要组成部分。如果一个团队召集了适当级别的监督者，代表了适当的利益相关者组合，就会获得许多好处。这些监督者提出最尖锐的问题，确保自动化方案与企业更大的战略目标保持一致，帮助解决问题，在需要时进行干预，并作为自动化的倡导者和支持者。然而，重要的是要认识到他们也只是人类。就像需要关注自动化长期回报的其他人一样，他们也会被其他紧迫的问题分散注意力，他们也会考虑将注意力转移到新的优先事项上。在自动化方面，他们可能已经准备好宣布"任务已完成"。

为了使每个人都专注于自动化旅程，与所有利益相关者建立一个结构体是有帮助的，这个结构体能够智慧跟踪、报告和管理所有智能自动化计划。利益相关者应该代表多个组织功能部门，包括业务、IT、财务和人力资源。治理结构应明确界定权力、决策责任、执行所有权、监督要求、利益相关者的一致性和风险管理方法，以确保自动化是一致的、可扩展的，并为企业提供预期价值。应该根据自动化战略举行定期会议，评估和确定升级点，来确保自动化的整体实施。此外，该结构体应提供一个持续的反馈渠道，保持业务部门和 IT 部门之间能顺畅沟通。

高效的自动化项目领导人不会犯这样的错误，认为他们咨询小组的付出是理所当然的。项目领导人会让咨询小组成员感受到自己对他们的成功抱有很高的期望。一位经理告诉我们，她的方法是"找出使他们的角色变得充实和愉快的部分，并强化这些部分。找出哪些因素使他们感到厌倦、沮丧或无聊，并尽可能地消除这些因素"。一个项目经理如何发现这一切？简单的建议是直接去询问。

对于一个管理小组来说，最有争议的领域可能是其最重要的任务：梳理决策权，提高决策的清晰度以及降低延迟度，同时给出恰如其分的引导。通常情况下，哪些决策可以留给项目组，哪些需要提交给管理层，这一点并不明显。关键问题的决策权掌握在谁手里这个问题的答案如果是模棱两可的，这就会成为拖累一个小组的致命硬伤。

造成摩擦的另一个原因是，议程是如何设计的以及为讨论分配了多少时间，例如，不同形式的项目风险以及如何对其进行管理。一些治理机构也可能会被妨碍团队效率的一些常见人际关系问题困扰：性格冲突，沟通方式冲突，以及对成功的项目有着不同的看法。

看起来，评判或者试图改善治理机构的有效合作似乎超出了一个项目经理的职责范畴，事实是，这比任何事情都要重要，会影响到项目所提供的解决方案的长期可持续性，因此，听天由命并不是一个真正的选择。正如首席执行官与公司董事会的关系一样，所有领导自动化工作的人都要向上管理，即便他们也是被管理对象——提高参与度应该是向上管理的一部分。

让改进持续进行

尽管大部分管理活动都聚焦于自动化项目本身，但更广泛的自动化领域也应该受到严格的监测和强有力的控制。随着企业逐渐成熟并过渡到新的商业模式，它们将不可避免地实施更多的自动化和人工智能以支持企业的转型，为了以更快的速度实施这些措施，并创造更多长期业务价值，管理者将需要应用领先的实践。然而，随着人工智能和自动化世界不断变化，那些被认为是领先的交付管理实践也处于不断变化的状态。人工智能技术的演变速度如此之快，旧的做法很快就会过时，并被新的做法所取代。同时，对于应用的持续监测是必要的，以避免存在性能有偏差的、冗余的和未被充分使用的应用程序，确保通过端对端的自动化旅程创造出持续的价值流。

创新赢得竞争优势

杜保洛（Paul Daugherty）是埃森哲技术服务全球总裁兼首席技术官，他负责领导埃森哲的技术工作。他喜欢说"创新是没有终点的"。一家企业可能在如何解决一个重要问题方面领先于其他企业，但它不能放松警惕，因为比赛会一直继续。为了帮助推动创新，企业应该做到以下几点：

- 不断发现新的领域，以创造更好的客户体验，从现有的业务中推动增量价值，并加速增长。

- 积极孵化新概念和为新概念打样，这会给业务带来短期影响。鼓励通过创新委员会贡献观点和收获创新成果。

- 在趋势研究和思想领导力方面进行投资，以识别和预测改变规则的商业、市场和技术发展。这不仅是传统上主打创造性或咨询性业务的企业的当务之急，也是推动所有成长型业务迈向更大成功的当务之急。

- 与位于成长期的、使用开放的创新方法开发创新技术的企业合作，并对其投资。
- 在企业的各个层面投资于"学习和发展"。

持续领导变革

我们之前提到了约翰·科特（John Kotter）关于变革管理的著作，现在是一个考虑变革管理是如何应用在维持自动化优势上的很好的时机。在科特的经典著作《领导变革》（*Leading Change*）一书中，他提出了一个八步模型，这个模型笃定地将一个组织带进一个新的状态。

1. 创造一种紧迫感。对于"为什么是现在？"要做到心中有数。
2. 组建一个强大的联盟来指导工作。
3. 创造一个积极变化的愿景。
4. 以令人信服的方式传达这一愿景。
5. 在组织内广泛授权采取行动。
6. 创造速赢：尽早形成动力。
7. 以变革为基础前行：不要松懈。
8. 让它在组织文化中扎根。

他将这个八步模型分成三个主要阶段。事实上，对我们来说，科特这个模型的基本观点是改变本身，即就需要做出的改变进行的沟通，所采取的一系列广泛的行动，以及短期内可以收到的成效。他所列出的第4、5、6步，只是一个阶段，重要但还不够。首先要激发组织的变革意愿，其次要使其不倒退，在这之间要做大量的工作。

科特的第7步，"以变革为基础前行：不要松懈"，认可了我们一直试图传达的真相：维持现状往往需要加倍努力。超额完成任务会有所帮助，它可以确保即使有一些退步，取得的进展也会在目标之上。理想的情况是，完成的工作要比计划的工作多得多。用科特的话说："成功的领导者利用短期胜利所带来的信誉来解决更大的问题，而不是宣布胜利。"他们将最初的转型愿景延伸到新的领域。他们注意到获得成功所需要的人际关系技能，并着手在整个员工队伍中更广泛地培养和传播这些技能。他们承担了比早期范围更广的项目。"他们明白振兴计划需要的不是几个月，而是几年。"[4]

最后，正如这一经典模型所显示的，一个项目成功的标志在于它是否能坚持下去，而这需要一段时间后才能知道。要做到这一点，变革就需要在比流程、政策和程序更深的层次上，如企业文化中占据一席之地。如果变革渗入规范和价值观的层面，它就会有一种自我维持的特质，使人们对新的系统产生黏性，即使在没有直接压力让人们这样做的情况下。

人们可以接受一种新的工作方式，接受一种介于人和机器之间的新系统，如果他们看到有确凿的证据表明它们能使情况变得更好。这主要是一个关于变革理论的传播问题，也就是说，沟通不仅要支持令人印象深刻的积极成果，而且还要清晰地阐释因果之间的联系。整个企业必须注意到这是引入自动化解决方案直接带来的成功结果，而不是由在同一时间段内并行推动的其他变革所带来的。

最后，为了使变革在企业文化中扎根，员工必须看到他们的管理者自始至终不仅致力于变革，而且担当了变革的典范。如果一个企业希望一线员工纷纷指出他们工作所面临的自动化新机遇，那么至关重要的是，这些员工要看到他们的经理在管理任务方面是这样做的。更为根本的是，最高领导层应该明显地支持数据驱动的决策。玛利亚·姚（Mariya Yao）是一家人工智能企业的首席技术官，同时也是 *TOPBOTS* 的负责人（以人工智能专业人士为受众的出版物，也有同名论坛）。她说：

忽视了分析，费力地收集数据和运行复杂的机器学习模型就没有意义了。许多全球大企业的历史增长都是通过有影响力的高管们根据直觉做出的决策实现的，而不是通过协同的、数字驱动的决策实现的。根据过去的成功经验，一些领导人优先考虑自己的信念和方法，并公开对分析方法和中心化技术表示反感。[5]

她认为，如果企业文化没有将数据和分析放在首位，那么任何自动化之旅都不会走得太远。

确保管理层的承诺

管理层应该由真正主张自动化的人组成——如果他们今天还不是这样，那么管理层调整时应该确保下一代管理层是精通自动化的。高管们的注意力是有限的，他们在裁决优先考虑的事项上有很大的自由度。对智能自动化的承诺必须始于最高管理层。

例如，在亚马逊，创始人杰夫·贝索斯（Jeff Bezos）长期以来一直要求领导公司主要业务线的高管们每年都要准备清晰的六页述职报告，阐述他们的业务计划。虽然这些述职报告的内容与业务本身不完全不同——从亚马逊网络服务到 Whole Foods 杂货店业务——但是每一项都包含对同一个问题的回答：你打算如何使用机器学习？[6]

当一位 CEO 真正关注通过某种特定的能力获得优势时，这就是表现方式。这不会偏离管理者关注的重点。如果不这样做，就会导致削弱自动化项目的次优行为，特别是当重点是企业层面的自动化时。由于缺乏最高管理层的承诺，关于投资优先级和人才转型的决策可能会滞后，因为每个人都有不同的优先事项需要关注。虽然许多人会口头上赞成那些最好能拥有的能力，但是企业想要获得自动化优势，关键在于高层管理团队认为它是必不可少的。

百时美施贵宝公司的智能自动化之旅

百时美施贵宝（Bristol Myers Squibb，BMS）是一家全球生物制药公司。该公司于 2017 年发起一项倡议，在全公司范围内通过扩大智能自动化规模提高效率和生产率。为此，它创建了四个综合性卓越中心——精益数字化卓越中心、云计算卓越中心、DevOps 卓越中心和敏捷卓越中心。每个卓越中心都有一个创新框架，包括发现、构思、孵化和运作，致力于为各业务部门提供智能自动化解决方案，以降低技术成本，为业务发展挪出资金。卓越中心之间保持互动，以识别智能自动化的机会，开发 IT 解决方案，以及通过概念验证实现价值最大化。

在其智能自动化旅程的前两年，BMS 已经实现了许多复杂的手工流程的自动化，以提高效率和生产率，并解决了关键业务部门的痛点，包括临床、财务、人力资源、采购和供应链。例如，它已经减少了 92000 个小时的手工操作，将软件开发周期缩短 40%，并将票据量减少了 20% 以上。为了做到这一点，卓越中心已经利用了智能自动化工具，例如机器人流程自动化、自动票据解决方案和自我修复应用程序。卓越中心还采用现代化的工程实践，如全堆栈式 DevOps，并通过设计思维、持续创新和协同创造来实现文化变革。一言以蔽之，卓越中心驱动的智能自动化计划给 BMS 一个结构化的、全面的方法来管理整个企业的自动化，并实现与业务相一致的 IT 创新，以及更快和更低成本的应用管理和软件开发。

作为收获成功后的一个后续，BMS 继续通过投资人工智能实验室来扩大企业智能自动化，着重于人工智能的概念验证和规模化应用。BMS 也已经着手建立认知型机器人流程自动化，并通过全堆栈自动化工程推动文化和人才转型。通过这些举措，BMS 继续扩大智能自动化在整个企业的应用。

本章要点

- 一个智能自动化解决方案不属于"建立它，忘了它"这一范畴。一旦一个项目结束了，管理人员就必须抑制住宣布胜利的诱惑并随即转向下一个项目。

- 即使解决方案在最初实施时是有效的，它们依然有改进空间。保持收益意味着要追踪运营和结果，并根据反馈数据对其进行调整。

- 管理人员还必须预见到，随着技术的广泛应用和商业环境的持续演变，基于此所设计出来的解决方案自然会出现不适用的情况。

- 在最高层面，企业必须不断寻找新的方法来发挥智能自动化的力量。领导者必须继续注入新的能量，以保持积极势头，实现大规模应用。

第9章

相关性、韧性和责任感

在许多书中，最后一章被专门用来归纳前面已经说过的内容，并强调作者想要传达的整体信息。我们很高兴能用这一章来阐述本书的全部信息：现在是一批新技术涌现的关键时刻，运用正确的方法来应用它们，可以使一切变得不同。

今天的许多机构，包括商业企业、非营利组织和政府机构，都在试验和投资智能自动化。然而，它们并没有实现这些潜在变革能力的全部价值。那些实现了规模飞跃的企业将获得持久的性能优势。我们在前几章提供的所有建议都是关于获得自动化优势的。

然而，如何获得这种优势，在很大程度上既是一个接受正确管理原则的问题，也是一个投资恰当技术的问题。那么，我们希望在最后一章探讨驱动自动化方案的那些理想的标准，无论它从多小开始，到扩张到多大规模。我们将其简要概括为：自动化解决方案必须是有相关性的、有韧性的以及负责任的。作为决策的指南而言，这些听起来不足为奇，甚至是显而易见的。我们将其称为理想的准则，是因为多数机构在这三个方面都还有很长的路要走。

相关性

在科学进步的所有领域中都存在一个典型的矛盾：推动前沿工作的专家们往往醉心于智力上的有趣的挑战，而那些从事应用发现和发明的人，则被现实世界的实际问题所累。通常情况下，技术水平和市场需求之间存在着巨大的鸿沟。我们将其称为相关性差距，并且认识到这也是智能自动化的一个问题。

自动化解决方案的开发者可能会对他们的尖端技术栈和优雅的人工智能算法感到自豪，但如果他们的客户，包括组织内部或外部的客户，看不到它们的价值，或者不能在实践中实现这种价值，那么它们就无益于在商业方面取得成功。

与此同时，必须强调的是，相关性是一个快速变化的目标。在过去的十年里，技术发展迅速，而在可预见的未来，没有理由期望变革的步伐会放缓。随着先进的自动化和人工智能被广泛引入，消费者与周围环境互动的方式迅速变化。新的消费偏好正在形成，基线期望值正在上升。因此，今天的企业面临一个真正的挑战：要在一个不断变化的世界中保持相关性。在自动化尝试方面这些企业处于哪个位置，是引领者还是追随者？

有一个事实永远不会被忽视：对于相关性，旁观者清。只能从客户的角度来评估相关性。因此，想要了解一项举措的相关性，就需要捕捉和阐释客户的期望和满意度。这需要定量分析和定性分析。因为客户很难发现他们对从未遇到过的解决方案的需求。

偶尔会涌现出一个像苹果公司这样的企业，致力于通过向客户提供他们从未设想过的产品来重塑市场预期。大多数企业将不得不创造一种文化，根据客户不断变化的期望进行创新。最相关的解决方案不是客户过去所使用的那个勉强够用的解决方案，而是下一个将要出现的更好的解决方案。

把这一点带到个性化问题和解决方案，就很容易出现个性化产品和服务的爆炸性增长。这就是大规模定制的愿景。我们前文提到了令人兴奋的个性化医疗领域，但为个人消费者量身定做的做法将很难就此止步不前。想想鞋子这类简单的物品，现在鞋子在某种程度上是可定制的，例如耐克等一些制造商，允许客户在线指定设计，但可变因素都是表面元素，主要体现在颜色、刺绣或印花。想象一下未来的鞋子，会根据客户脚的三维照片定制。随着这类产品的供应开始激增，消费者对个性化解决方案的需求将在其他领域出现，而个性化和人工智能增强的产品和服务将变得更普遍。

很少有行业比时尚行业更注重相关性，所以我们在时尚行业找到令人振奋的有关自动化的例子也就不足为奇了。服装和服饰品牌一直在寻找下一个更好的方法使它们的商品呈现在买家面前，并创造出知名度和需求。它们正越来越多地使用机器学习和其他人工智能的优势，来提高客户的购物体验和销售系统的效率。通过预测性分析和指导性销售流程，客户助手被升级到了新的水平。很多企业也开始使用对话助理，如亚马逊 Alexa、苹果 Siri、谷歌 Home 和微软 Cortana。通过使用对话式界面，时尚品牌可以向客户提出问题，并探寻客户需求和消费趋势的模式。结合过去购买记录和其他数据来源，它们可以向客户提出问题，并归纳出客户的消费意愿和趋势；通过结合过去的购买记录和其他数据来源，它们可以建议配件和相关物品。对一个寻找新衣服或新鞋子的顾客来说，与其在网站或移动应用程序中进行搜索，不如直接与智能对话系统对话，通过这种对话，顾客就可以直接得到此次购物的必买清单。这种互动使顾客更加满意，对时尚品牌而言这种互动更有价值。[1]

对于一个自动化团队本身来说，要越过相关性的制约，团队必须足够接近客户，以了解他们希望解决的痛点，团队还要有足够的创造力来解决这些痛点。无论目标是开发一个更有吸引力的客户体验，还是彻底改革整个商业模式，抛开长期存在的假设和根深蒂固的方法都是至关重要的。"适应未来"是当下最时髦的流行语，当管理大师们谈论需要"适应未来"的解决方案时，他们真正谈论的是相关性。

从技术和商业的双重角度来看，一个自动化解决方案应该足够领先，以免因为世界的不断变化而立即被淘汰。但它也不能太过未来化，以免不能在短期内投入生产性用途。相关性取决于客户欣赏什么，这构成了领先于竞争对手的、重要但可控的一步。

对于技术团队来说，相关性的要求意味着需要提高软件部署的敏捷性。如果解决方案的设计和开发为时过晚，无法解决紧迫的问题，那么它们就没有什么价值。应该迅速采纳可以快速践行的方法，如敏捷方法，并使之习惯成自然。新设计或增长计划（growth initiatives）进入市场的速度决定了企业是否能在竞争中保持领先地位。一个企业可能有着最具创新性的解决方案，但如果发布时间被推迟，其行动敏捷的竞争对手可能会用类似的方案抓住市场机遇，即使它的方案并没有那么完善。

参考一下最近由一组高层管理人员在投资者关系电话会议上发表的致歉声明。高管们不得不解决公司主打产品单位销售量再次下降的问题，迫于压力，他们将其归结为没有足够快地改进产品阵容。他们将增速下降尤其归咎于以下两个原因：过长的研发和设计交付周期，不给力的产品设计。

在一个越来越以平台为导向的全球经济中，速度尤为重要。[2]我们知道，在任何一个网络系统中，网络以及支持它的平台的价值，都是与用户数量成正比的。当一个平台机会窗口出现时，最早的创新者往往能够建立起其追随者几乎不可能超越的优势。一旦新平台吸引了足够数量的参与者，其应用曲线（adoption curve）就会出现拐点，此后参与者的数理会呈指数级增长。

考虑到规模回报率不断增加，仅仅将一个设计得不错的产品推向市场是不够的，还需要快速进入市场，最好是最优先进入市场。[3]对于一些采用传统管理方式的企业来说，这种观点将迫使整个内部运作发生深刻变化。企业需要用新的思维和工作方式来拥抱转型性变革，将其作为一个持续的、有活力的流程而非昙花一现。

韧性

韧性是企业保持活力的关键所在，包括战略韧性、运营韧性和系统韧性。在所有这些层面上，韧性都意味着企业有能力从大大小小的困境中恢复过来，并在危机中继续运营，将危机对关键业务和运营流程的负面影响降到最低。对多数企业而言，其整体韧性的基础是其信息系统的韧性。这是因为在当今数字化世界中，每个企业从根本上说都是一个信息企业。

不幸的是，今天有为数不少的系统是非常脆弱的，不能适应不断变化的条件所带来的挑战。智能自动化在改变这种状况方面可以发挥关键作用，让企业能够应对动态和复杂的情况。事实上，人工智能快速学习和纠正方向的能力甚至意味着，度过一场危机后企业会更有能力——这对于在不确定和波动的情况下运营的每一个企业都是一个诱人的前景。[4]智能自动化可以使驱动业务的系统具有自我修复和自我维护能力，在无人值守的情况下运行业务应用程序，通过自动化帮助客户进行查询，并使员工的工作在虚拟环境中更有成效。

在我们写作这一章的时候，受疫情影响，世界仍然处于封锁状态。在这场医疗卫生危机和经济危机中，企业正在努力保护员工的健康和安全，它们还需要确保关键业务运营和基础系统的稳定性。许多雇主感到后悔，事先应采取更多行动，以确保他们的系统有能力在重大的中断或危机中运行，并把对关键业务和流程的影响降至最低。在这场正在发生的危机中，系统韧性正受到前所未有的考验，在全球范围内，很多企业面临停工的困境，并努力恢复和减轻负面影响。

在第 6 章中，我们讨论了自动化架构应具有适应性，赋予系统自我意识和自主性，可以使其自学习、自改进和自适应。例如，如果聊天机器人出现了故障，监控功能可以立即注意到这一异常表现，并着手修复或替换它。如果客户在下订单时遇到问题，一个自适应的自动化系统甚至可以在客户给客服打电话之前，就检测出这个问题，并立即采取纠错措施。自我修复发生在几分钟内。一个与其他程序交互的程序在必要时可以进行自我更新。例如，某个操作步骤要求应用程序通过一个特定的电信平台安排一个电话，但是现在倾向于使用另外一个平台。另一个例子是公用事业公司，它使用网络传感器等设备来监测水、电的流动。智能自动化意味着这些设备不需要受到最初部署时那套规则的限制。在这个过程中，它们加深了对运行原理的理解，并在此基础上，可实时改变电网的运行方式，以实现更高的性能。

我们很容易理解，在需要韧性的情况下，具有更多自我修复和预测能力的自动化是如何大大降低了运营支持人员的工作量，使他们能够专注于应对挑战的其他方面的。适应性是指使用机器学习的智能系统能够形成预测、观察结果，根据反馈做出调整以改善它们在下一轮的预测。具有强适应性的系统可以适应不断变化的需求和环境，并在此过程中赋予人们在面对不确定性时做出决策和采取行动的能力。辨识一个企业是否具有适应性的主要指标包括：在企业范围内使用自动化和人工智能，为企业人工智能提供动力的云中连续数据供应链，一个稳定且模块化、灵活、解耦并不断演变的架构。

这些高度适应性系统的一个重要影响在于它们将企业的弹性提升到了一个新的层次。事实上，随着越来越多互相关联的企业对业务中断的风险有了新的认识，其自动化努力背后的整体动机正在发生变化。过去，自动化的意义在于以更有效和标准化的方式执行常规任务，现在越来越多的人认为，自动化的首要目标是创建一个操作系统，使企业能够灵活应对各种情况。

这就是为什么疫情在 2020 年年初袭来之后不久，就看到企业开始更认真地对待它们的自动化投资。以 TechRepublic 为例，市场研究公司弗雷斯特（Forrester）的行业分析师雷斯里·约瑟夫（Leslie Joseph）称："疫情前的自动化努力往往因为自动化的无序发展而停滞不前，因为公司的不同部门孤立地进行自动化试验，各自采用不同的标准，所以也无法形成规模。然而，随着自动化成为一个自上而下的在董事会上提出的倡议，我们期待着对自动化工作进行更多的管理和监督。"[5] 在我们看来，原因与韧性息息相关。

在疫情开始之前，埃森哲就开始研究是哪些因素让一些企业比其他企业更具韧性，以及这种韧性如何使企业受益。在一项有多家企业广泛参与的调研中，埃森哲对企业的相对韧性进行了评分，评分基于两个替代措施：技术采用水平和组织灵活性。疫情让我们吸取了一个惨痛的教训，即这些因素对企业的生存是多么重要，企业理解和解决系统脆弱性问题，并提供更强韧性是多么有必要。

许多企业现在要建立它们希望在之前就投资的能力：更加数字化、数据驱动和上云；拥有更多可变的成本结构、敏捷的操作和自动化；在电子商务和安全方面建立更强大的能力。随着它们开始计划建立长期的能力，它们现在更多地着眼于适应性和敏捷性的需求，以应对不可预见的、潜在的灾难性发展。我们希望，随着经济"重启"，管理人员在迈出第一步的时候，能够着眼于本企业所需要的更大的转变。"重启"也可以是一个"重塑"计划。

"世界各地的企业都在观望，它们的大部分员工和由人驱动的价值链都按下了暂停键，"约瑟夫说，"未来的危机依然可能对人类劳动力的供应和生产率带来风险，当我们从危机中走出来的时候，企业将把自动化作为降低风险的一种方式。"预计将来会看到对智能自动化工具包的更多投资——应用人工智能的认知能力、工业机器人、服务机器人和机器人流程自动化。

责任感

第三个必须用来指导未来人机交互的主要原则是责任感：这些强大的新工具引发了对于更高层次的道德问题的关注。如果让机器自由运行，就没有道德规范来指导它们。人类的与众不同之处在于其能采取道德行为，没有什么比道德沦丧更令人失望了。

很多人对人工智能不断提升的能力保持警惕，他们最担心的是不负责任的应用，以及会带来危险后果的滥用。他们除了担心智能自动化会造成失业之外，还担心会导致传播深度伪造的错误信息。例如一些语音软件只需根据所输入的 3.7 秒的原始音频，就可以复制出一个声音。这种做法有吸引力的一面是，你可以选择任何声音来读小说，从作者自己的声音到你亲人的声音。在你使用导航软件时，可以让你最喜欢的明星提醒您下一个转弯的路口，但与此同时，造成滥用的可能性也是显而易见的。

随着越来越多的侵犯隐私行为、决策中的偏见，以及对自动系统和机器人的控制不足等的出现，伦理问题将进一步凸显出来。而伦理问题的解决方案必须是可扩展的，因为智能自动化将得到更广泛应用，更深地嵌入客户的解决方案中，智能自动化对给生活带来影响的决策负有更多责任，例如医疗诊断、政府福利支付和抵押贷款等。法律学者们已经在忙于识别这些不可避免出现的问题，并提出系统化处理这些问题的框架和原则。[6]其中四项原则肯定会成为"负责任的自动化"的支柱。为了避免造成不计后果或者漫不经心的损害，解决方案必须是无偏见的、透明的、可控的和受保护的。

无偏见的决定

一个智能自动化解决方案完全取决于其数据。尤其是当人工智能被嵌入一个智能自动化解决方案中时，用于训练人工智能模型的数据的特征如何影响其推荐及决策就很明显了。一个恶名远扬的例子是一个名为 Tay 的人工智能驱动的聊天机器人，它由一个研究团队创建并有自己的社交媒体账户。

当然，写代码时并没有将这个机器人配置成种族主义者，美国科技类博客 TechCrunch 的一位记者报道，它只是从与之互动的账户中学到了这一点。"自然而然，因为这是互联网，网上用户教给 Tay 的第一件事就是如何做一个种族主义者，以及如何反击不知所云或令人激愤的政治观点。"[7]

更常见的是，企业的人工智能解决方案是在一个数据集上进行训练的，这个数据集主要由客户资料、互动和交易的专有记录组成。但是，这也很容易被工具识别并驱动其做出推荐和决策，从而对某些群体造成伤害。有时，是因为数据的性质总是历史性的，可能无法很好地代表当前的现实，以及用来预测未来的可能结果；有时，是因为决策的结果本身就构成了一种企业从未想过的歧视模式，这会给企业带来法律上的风险，并常常造成令人难堪的声誉损害。

在人工智能的商业应用中，已经出现了一些广受谴责的种族和性别偏见模式。维维恩·铭（Vivienne Ming）给《金融时报》撰文时，曾描述了这样一个例子。一家科技公司的人力资源高管试图使用人工智能从堆积如山的简历中筛选出最佳候选人，结果令他们感到异常惊讶。根据过去成功从事具有挑战性技术工作的员工的背景对人工智能进行了训练后，令人力资源高管感到沮丧的是，人工智能选择的候选人绝大多数都是男性。维维恩·铭指出，要避免这种结果，不仅要确保参与人工智能开发的人员没有偏见，或者有更好的数据，还必须有专注于消除数据偏见的人员和程序（正如这家科技公司所了解并快速落实到位的）。[8]

信息系统中最古老和最真实的说法之一是"垃圾进，垃圾出"（GIGO）。如果一个系统的输入从一开始就有致命的缺陷，那么它的输出就永远不会有用。在人工智能领域，有另一个版本的 GIGO，我们可以称之为 BIBO，即"偏见进，偏见出"。当企业发生那些引人关注的尴尬事件，并做工作来解读机器是如何得出这样的结果的，通常问题可以追溯到基础数据本身。由于大部分数据都是收集人类在现实场景中的行为、人类所做的选择、人类所积累的经验，所以人类的偏见最终会污染人工智能模型的训练。

那么，人工智能解决方案的应用效果就是放大并强化了这种偏见，因此，当务之急是要在训练人工智能模型前，就尽可能识别并消除潜在的偏见。然而，即使留心这么做了，也必须进行事后评估，以便在出现问题时追溯原因。例如当输出的结果对有某些特征的人进行了不公平的加权，而这些特征对决策来说确实不重要的时候，应进行事后评估和调整。

可以采用一些统计方法来尽量减少数据中的偏见，也有一些好的管理流程有助于减少人工智能模型中的偏见。以下是几个需要记住的方面：

- 识别一个人工智能模型所接触的偏见媒介，其中包括道德、社会、政治和历史或其他可能影响其训练的偏见。
- 从不同领域的专家那里收集可以预见和避免的负面情况。建立衡量标准，监测任何接近或偏离这些情况的情景。
- 审视数据的包容性以及能体现人口多样性的能力，包括性别、种族、民族、宗教、意识形态和其他维度。
- 对数据要有彻底的了解，以便于关注和快速修复任何有问题的数据标签。合理设置数据结构。
- 识别并消除任何可以预见的，或在实践中得以确认的，会将结果引向偏见的和歧视性方向的因素。
- 不断地分析性能和结果，并且纳入用户的反馈。

当然，目标不是要消除人工智能中所有偏见，即使这在实践中是可能的。发现人类不断隐藏的认知偏见或局限性并采取行动，这是人工智能的核心价值。当人工智能倾向的偏见是不公正的，并基于社会已摒弃的历史模式时，这个问题就出现了。人工智能中存在偏见的那些声名狼藉的例子都是与以下情况有关的：人工智能的输出延续着一种歧视性立场，而使用人工智能将在极大程度上破坏人类正在努力取得的进步。除了上述要点外，我们还能在更高层面上提供一些管理方法，我们已经看到一些组织使用这些方法来消除在智能自动化解决方案中出现的偏见。

将主要业务问题领域拆解为可管理的部分

处理任何在偏见方面存在内在问题的主要领域，都会驱使团队想象出广泛的场景，并预测刻板印象可能影响算法的跨越多个系统模块的所有方式。缩小解决方案的初始目标范围将使理解其复杂性并追溯任何意外后果的根源变得容易，同时也提高了有效执行解决方案以及满足用户需要的可能性。

在开发过程中与最终用户产生共鸣

一个模型更易于被用户接受的一个好方法是，采纳那些将使用它并受到它影响的不同类型的用户的观点。个人或团队都要这样做，积极进行角色扮演，并以"魔鬼代言人"的身份挑战决策，以避免终端用户在与模型互动时因可能出现的人工智能偏见而大吃一惊。

让模型接受不同的测试者

在一个模型的启动阶段，尽量让它接触不同的群体和不会出现人工智能偏见的专家。要理解，一个被一组人视为完全理性以及中立的人工智能反应，可能会被另一组人视为深深的偏见。一个团队中争鸣的观点越多，可以避免的问题就越多。除了在这个模型中检测潜在的偏见外，其他人的意见还将指导更好地在将来规划更多的无偏见模型。

创建认可多样性的反馈系统

如果一个模型与不同的人互动，并受它影响，而反馈系统设法通过强调模型的整体表现来消除这种多样性的话，那么这个模型将失去一个机会。应引入获取更细微反馈的方法并予以思考。更细颗粒度的信息将揭示出某些人的经历是否与大多数人不同（并且他们可能因为自己的声音没被听到而感到沮丧）。

以反馈为基础建立一个持续改进的系统

建立一个程序，根据收到的反馈意见持续对模式进行调整，使模式不断朝着无偏见、准确的理想方向发展。记住，一旦部署完成，人工智能模型就会被暴露在各种场景和情况下。即使是最高级别的尽职调查也不能保证完全消除偏见。

创建透明的系统

在他富有启迪性的著作《原则》一书中，桥水基金的创始人瑞·达利欧（Ray Dalio）用了一些篇幅描述了他的公司在投资决策中对自动化的开创性应用，他提到："机器完成了大部分工作，而我们则以高质量的方式与之互动。"他写道：

借助算法进行决策的一个好处在于，它可以使人们将关注点都放在因果关系上，以这种方式鼓励真正的创意择优。当每个人都能看到算法使用的标准，并参与制定这些标准时，他们会一致认为这个系统是公平的，并放心地让计算机查看证据，对人做出正确的评估，并赋予他们合理的权力。算法本质上是在持续性的基础上发挥作用的原则。[9]

更多自动化解决方案设计者应该追求达利欧所描述的目标。在大多数情况下，自动化和智能技术更像是一个黑盒子。人们可以看到输入，也很容易看到结果，但他们对所使用算法的权重和计算方法，或决策过程的逻辑毫无头绪。

这让我们想到了可解释人工智能的概念——通常被称为 XAI。[10]XAI 系统可以解释其决策过程中的步骤、可能的备选方案、决策过程中的逻辑，以及它们是如何输出结果的。这让人们了解技术的行为模式，以及未来演变路径如何得以描绘。由此技术变得更加透明，并有一个内置的信任因素。

在当今世界，人工智能算法正被应用于高度敏感的领域，如法律事务和医疗诊断。在这些领域，犯错的代价可能非常高，未来几年，自动决策将受到更严格的审查。想象一下极端情况——人工智能代替法官和陪审团，一旦人工智能认定被告有罪并做出处罚决定，而被告提出上诉，要求更高一级的法院撤销判决该怎么办？在这种情况下，更高一级法院的第一个步骤是调查下级法院（上级法院）的决策过程，但如果下级法院的人工智能系统是一个典型的黑匣子，调查无从入手，上级法院就必须按照它自己的逻辑重新考虑这个案件。想象一下，如果上级法院用自己的逻辑推翻了判决，这样一来，就会损害人工智能系统的可信度；这种做法显然是错误的，而且没有明确的方法来使人工智能系统做出调整以便未来做得更正确。累积的不信任最终导致人们对人工智能系统的放弃。

以此类推，此类情况在医疗诊断领域更容易想象。人工智能已经在该领域取得了重大进展。在给病人开出治疗方案或干预措施之前，任何由人工智能系统指示的诊断都会由医生仔细审查。如果富有经验的人类医生的诊断与人工智能由数据驱动的诊断不一致，医生掌握最终决定权，但医生会希望检查为什么人工智能会得出不同的结论。如果人工智能系统是不透明的，医生会自行诊断，因为他们对自己的诊断更有信心，也因为他们可以向病人解释其中的道理。同样，发生过类似事情后，医生不太可能再次使用人工智能系统进行初步诊断，因为他们已经对其用处失去了信心。决定投资于这个人工智能系统的人将看到该系统的实施以失败告终。

可能会有多种类似的情况需要人工智能系统做出解释来验证其决定。一家汽车保险公司可能会提出检查无人驾驶汽车的决策过程，然后再处理保险索赔。如果一所大学的招生办突然拒绝了一部分学生的申请，而他们恰好来自某个民族，那么该招生办可能会受到审查。决策可能完全是出于对学生成绩的考虑，但监管当局可能会希望更深入地了解决策过程。因此，如果要获得人类用户的信任，那么未来的人工智能系统就不能保持不透明。如果缺乏信任，人工智能系统的实施就是不完整的，并且无法释放其全部潜能。

自从智能技术出现以来，科学界一直在努力寻找解决方案，来解释机器的决策过程。在早期的几十年里，机器的运行基于有限规则的硬编码算法，检测某一个决策背后最主要的规则组合相对容易。然而，随着神经网络和遗传算法的出现，追溯整个决策过程变得更加困难。然而，科学家们研究出一些方法，例如用分层相关性传播（LRP）的方法来确定一个输入矢量的最主要参数，以便了解一个特定的决策过程。

各种人工智能技术正在被开发出来，为决策过程带来不同程度的可解释性。可解释性的程度可能因系统的重要性不同而不同。大量的研究正在进行中，以保持将已知的算法（如决策树和贝叶斯分类器）作为人工智能系统决策算法的基础。使用已知的算法有助于增强对智能系统决策的信任度。

尽管有这些努力，然而黑匣子问题可能永远不会有完美的解决方案。这个问题的根源与使人工智能系统如此有效率的技术交织在一起。减轻负面影响的努力将继续开展。如果我们依赖一个使用深度神经网络的机器做决策，我们就要认识到这台机器的能力不能归因于任何一个神经元的功能，是许多神经元的组合及各层之间的相互联系，才形成了能力。

尽管有可能找到主导的输入矢量，构建一个完整的决策过程将是一项艰巨的任务。如果智能技术是使用支持向量机（SVM）的，则会产生维度性问题。如果使用了三个以上的变量，人类就无法将数据离散的平面生成为决策树。在这里，我们用"平面"这个有点松散的字眼来说明问题，它实际上代表了二维的变量结构。如果智能系统足够先进，例如，在分聚决策平面上有 20 个这样的变量，那么人类将永远不可能将这样一个多维的参考点可视化。

可控的行动

随着智能自动化技术的发展，识别决策过程将变得越来越困难。如果科学家们将更多的神经元或维度加入现有的人工智能技术，解释决策过程的复杂性将大大增加。甚至本地化的解释也将不再可行。帮助人工智能变得更负责任的唯一方法是，在整个决策过程中增加一定程度的人类控制。[11] 因此，仔细研究人在环形系统（a human-in-loop）中的可行性和效率是很有必要的。在这个系统中，整个决策过程将围绕关键检查点上的人类输入而建立，人可以改变决策过程。

为了更好地理解这种内置人类控制的系统，让我们以自动化武器系统为例进行阐释。这些武器系统可以被训练成根据各种因素自动识别所谓的"敌军"。然而，如果这些系统可以在没有任何人类控制的情况下自动进攻，它们可能伤及无辜。一个边境保护类武器系统可能会自动进入高度警戒状态，当一些未知的实体闯入它的领土时，它没有或只有有限的方法来区分难民和入侵者。在交战的情况下，武器系统也不太可能遵循国际交战规则或《日内瓦公约》。由人类对这些系统进行控制是必需的。

设计时在系统中内置人的因素的最终目标是带来可追溯性的元素。

国际社会将不得不围绕智能自动化系统建立监管框架。这种框架只有在有责任分工和所有权的情况下才能发挥作用。因此，事后调查和审查必须引向至少一个人或一个组织或一个政府。然后，还有在任何此类系统中确定意图的问题。为机器制定意图是一项不可能完成的任务，因此将机器与任何人类干预解耦，使之远离恶意或者善意，这全面歪曲了责任和问责的概念。

因此，在决策过程中引入人类的控制元素，不仅可以确保回溯决策过程的步骤，而且还能确保这些步骤在运行时间内被跟踪。人类在关键检查点的投入将为独立的人工智能系统带来所需的控制机制。

除了人的控制之外，还有大量的逻辑性、故障安全机制可以被吸纳进此类系统。建立禁止入内的检查点（no-go checkpoint）就是这样一个想法。如果一个决策机制做出某个决策，自动检查点将触发无效或延迟，直到人类同事对其检查。

除了在技术领域外，在监管框架和伞式组织中，我们也看到了为了满足控制的需要，逐渐在发生的演变。美国计算机协会（Acm）已经开始每年举办一次经由同行评议的关于公平、问责和透明度的学术会议。该会议的重点是算法问责和公平性等领域。其至，美国联邦贸易委员会消费者保护局也在研究算法对消费者决策的影响，开展并资助了一些该领域的研究。欧盟也将"解释权"纳入 2018 年开始实施的数据保护条例，该条例强调了在基于算法的智能系统中保持透明度的要求和义务。

保护访问权

随着人工智能技术应用的增多，更需要保护这些技术进步，防止被有恶意的个人或组织访问。企业的 IT 系统很容易受到恶意的攻击或恶意勒索软件的攻击。巩固这些先进技术的安全机制至关重要。

佐治亚理工学院的研究人员想出了一个保护人工智能系统的方案。其安全方法可以检测到并纠正扭曲的数据分类，检测和纠正对抗性的（恶意）数据，并为接受过预训练的人工智能系统的脆弱性/安全性提供一个分数。研究人员还开发了一种机制/设备，能够区分任何一类人工智能系统的正常和异常数据，有效地检测预训练的人工智能系统的异常情况，适用于任何类型的数据，并可以作为一个附加组件，配合任何一个人工智能系统执行任务。[12]

世界各地都在开展类似的研究，使用先进人工智能系统的组织正在增强它们的防御体系，以保护这些系统免受不法分子的侵害。在讨论先进技术保护时，需要触及的另一个因素是所有权。正确地使用现有的专利法可以保护这些技术的所有权。这又回到了我们前面所谈的要确保开展问责。

在未来十年里，组织将经历转型，一些组织将发生巨大的变化，因为它们将调整自己的方向，以适应未来，它们将不断创新，不断扩大创新规模。为此，它们将投资于技术、应用，以及开发和使用这些技术的人员技能，并且这些都将汇聚成复杂的、相互关联的能力网络。机器越来越能够理解自然语言，并在没有帮助的情况下进行学习，超越它们的编程，发展成为更有价值的资源，帮助挖掘新的机会、创造新的解决方案。加速推进技术的发展和调整人类与之交互的方式，将为人类开辟前所未有的增长领域。智能系统将变得更加普遍，并嵌入企业和人们的日常生活中。

随着选择范围的扩大和能力的增强，自动化方面的经验和能力将比以往更为重要。在由智能自动化驱动的转型所形成的未来，那些较早关注改变"游戏规则"技术的领导者，将使他们的公司获得明显的竞争优势。

从最高层面看，大型企业管理者的关键工作是基于条件的变化，为未来制定战略。智能自动化将推动大部分变化，同时也会对变化做出反应。在世界各地的组织中，有创造力的行政人员、管理者和员工必须不断寻找新机会来利用智能自动化的力量。许多人已经开始开发和试验巧妙的解决方案并从中获益。他们必须不断为自己的努力注入新的活力，保持向前的势头，并不断扩大他们的自动化成功规模。

本章要点

- 只要新一代的自动化解决方案以三个核心原则为指导，就会使世界变得更好。三个核心原则是：相关性、韧性和责任感。
- 智能自动化越来越多地应用于员工和客户关心的问题和决策，与企业成功的相关性越来越强。
- 有了更高的意识和适应性，解决方案将具有更多的韧性，并将使企业本身在应对紧急情况和危机时更具韧性。
- 智能自动化解决方案的供应商和用户都将通过纠正不符合道德规范的偏见和增强透明度，确保可控性，并保护对人工智能系统的访问。

致　谢

非常感谢我们的同事，认同我们将自动化经验记录下来并将之分享给读者的想法。我们向所有为本书顺利出版做出贡献的专家和思想领袖致谢。我们特别感谢埃森哲董事长兼首席执行官沈居丽（Julie Sweet）在本书创作中给予我们的支持，以及她寻求借助智能自动化在这个新世界有所作为的远见和领导力。她对于自动化优势的深信不疑，一直是我们灵感的源泉。也诚挚地感谢埃森哲技术服务全球总裁兼首席技术官杜保洛（Paul Daugherty），他相信本书的价值并全程提供宝贵的意见、智慧和指导。衷心感谢茱莉亚·柯比（Julia Kirby），她出色的编辑思维在本书编写过程中发挥了重要作用。她在过去两年中花了很多时间来帮我们将想法和思路变成提纲，最终变成这些引人入胜的章节。

我们感谢那些富有远见的、杰出的埃森哲领导人投入时间阅读每一份草稿，并提供反馈来帮我们丰富内容。感谢凯莉·比塞尔（Kelly Bissell）、格雷戈里·道格拉斯（Gregory Douglass）、基肖尔·杜格（Kishore Durg）、埃迪·莱昂戈萨里（Edy Liongosari）、尼拉夫·桑帕特（Nirav Sampat）、拉胡尔·瓦尔马（Rahul Varma）和桑吉夫·沃赫拉（Sanjeev Vohra）。还要感谢弗朗西斯·欣特曼（Francis Hintermann），他不仅阅读了手稿，还根据他丰富的经验和研究发现提供了额外的见解。

我们得到了埃森哲市场部专业人士凯瑟琳·贝拉（Kathleen Bellah）和拉加文德拉·拉奥（Raghavendra Rao）的建议，他们帮助我们对一些信息做了微调。凯瑟琳慷慨地阅读了草稿，并帮助打磨了战略概念和若干细节。我们非常感谢市场团队的其他成员，特别感谢埃德·马尼（Ed Maney）自始至终对这个项目的贡献。埃德与我们一起工作，使这本书成为现实。同样地，琳达·金（Linda King）也一直是这个项目的忠实支持者。埃德和琳达一直都是不可或缺的，他们一丝不苟地完成自己的工作，并向他人提供指导和鼓励。特别感谢南希·戈尔茨坦（Nancy Goldstein），她发挥了营销和沟通方面的专长，确保了本书的成功。

衷心感谢我们的出版商，由凯西·埃布罗（Casey Ebro）领导的麦格劳·希尔公司的团队。他们对自动化概念的支持坚定不移，他们在帮助打磨和完善书稿方面发挥了关键作用。

我们也要感谢那些具有开拓精神的客户们，在自动化旅程中选择埃森哲作为可信赖的合作伙伴。让我们感到特别荣幸的是，我们不仅可以研究本书中所呈现的观点，还可以在与这些真正的数字化时代先锋们合作的过程中，应用相关概念并观察其所带来的结果。

我们很幸运地拥有一个出色的自动化领导团队。团队成员日复一日地与许多客户一道实施本书中的概念和想法。特别感谢库西克·维贾拉哈万（Koushik Vijayaraghavan）、阿迪提·库尔卡尼（Aditi Kulkarni）及卢克·希金斯（Luke Higgins），是他们的热情和激情推动了与埃森哲合作的那些客户的自动化成熟度。

最后，从更个人化的角度而言：

巴斯卡尔·戈什（Bhaskar Ghosh）：我想感谢我的妻子阿尔皮塔（Arpita），感谢她几十年来对我工作的支持、鼓励和启发，感谢她容忍我在晚上、周末，甚至有时在假期所投入的漫长工作时间。还要感谢我的两个儿子，阿尼尔班（Anirban）和阿宁德亚（Anindya），感谢他们对本书的莫大鼓励。

拉金德拉·普拉萨德（Rajendra Prasad）：我要感谢我的妻子卡维塔（Kavitha），感谢她在我的整个职业生涯中一直给予我鼓励和支持，我的两个女儿，扬维（Janvi）和克尔塔（Keerthana），每天都给我打气，给我带来很多乐趣。我也要感谢我的母亲萨罗贾·德维（Saroja Devi），是她在我的学生时代教会我如何写短文。

加亚特里·帕莱尔（Gayathri Pallail）：我要感谢我的丈夫拉杰什（Rajesh），在我的个人和职业旅程的每一步中都无条件地支持着我。我特别感谢我的孩子锐特维克（Ritvik）和安尼卡（Anika），感谢他们在这个过程中对我的陪伴。特别感谢我的父母克里希纳达斯（Krishnadas）、贾安蒂（Jayanthi）和我丈夫的父母拉玛达桑（Ramadasan）、巴吉亚拉克什米（Bhagyalakshmi），感谢他们在我的职业生涯中给予我的所有支持。

关于作者

巴斯卡尔·戈什（Bhaskar Ghosh）是埃森哲的首席战略官，负责公司战略和投资的各个方面，包括风险投资、收购以及埃森哲研究。他还负责埃森哲各服务部门的所有资产和产品的开发。此外，他还负责管理工业 X（数字制造、智能产品及平台），并推动商业和可持续发展服务。他是埃森哲执行委员会和全球管理委员会的成员。

在 2020 年被任命为他目前的职位之前，巴斯卡尔担任首席执行官的顾问，对一些重要议题包括增长和投资战略、业务绩效以及组织效率和重组等给出建议。在此之前，他曾担任埃森哲技术服务部的首席执行官，全面负责埃森哲应用和基础设施服务业务，指导战略和投资，以及领导平台、产品和全球技术交付。在这个职位上，他专注于通过创新的技术服务重塑应用战略和组合，助力企业实现增长。

在巴斯卡尔的领导下，埃森哲技术服务部在快速向新技术转型方面取得了突出的进展，帮助客户在新技术方面取得领先地位。在全球范围内，超过 20 万名埃森哲技术员工接受了新的 IT 培训，包括自动化、敏捷开发和智能平台。此外，埃森哲还增强了有关数据、云、安全和柔性应用管理的新的 IT 产品。同期，埃森哲在班加罗尔开设了一个具有突破性的创新中心，专注于推动规模化创新，并在全球范围内建立了一个由超过 18 个柔性工作室组成的网络。

巴斯卡尔亲自领导开发了许多尖端的技术解决方案，包括技术自动化平台 myWizard，埃森哲的云评估和迁移平台 myNav，以及以价值为导向的 ERP 实施平台埃森哲 myConcerto。作为一位创新者，巴斯卡尔在软件工程和平台开发领域获得了 6 项专利。

巴斯卡尔还担任房屋开发金融公司（HDFC）董事会的独立董事，并且是其 IT 战略委员会的主席，以及风险、审计和管理委员会的成员。在 2003 年加入埃森哲之前，巴斯卡尔是印孚瑟斯信息技术有限公司的副总裁兼 IT 基础设施管理服务的全球负责人。在他职业生涯的早期，他曾在飞利浦印度公司担任多个高级职位，与消费电子行业有着广泛合作。

巴斯卡尔拥有印度加尔各答大学的科学学士学位和工商管理硕士学位，以及乌特卡尔大学的商业管理博士学位。

拉金德拉·普拉萨德（Rajendra Prasad）是埃森哲全球自动化和智能资产负责人。在这一领导岗位上，他利用自己超过 25 年的行业经验，专注于推动 IT 应用整个生命周期的技术服务效率，并与客户密切合作，助力其在日益数字化的世界中保持相关性和竞争力。他创建并领导团队实施埃森哲 myWizard，这是一个以人工智能为核心的智能自动化平台，也是端到端服务交付平台。

通过与客户的合作，在推动自动化成为优化组织应用的关键组成部分方面，RP 发挥了重要作用。他倡导以一种有序的方式采用人工智能和自动化，采用可扩展和可持续的模式，帮助组织从投资中获得最大化价值。RP 说："通过采取人员、流程和技术的整体性策略，企业范围内的自动化可以取得成功。"为了做到这一点，RP 领导着一个跨地域的高素质专业人员团队，创建知识产权以及利用人工智能、机器学习、RPA、DevOps、自然语言处理（NLP）和数字化手段。此外，RP 还在敏捷流程的战略方面做出了很多贡献，其中包括开发最新的应用程序、敏捷能力、敏捷自动化，以及为 IT 机构创建转型方法。

RP 在埃森哲的早期职业生涯中，领导了印度技术交付质量和流程优化中心，并在全组织范围内建立了能力成熟度模型集成（CMMI）和人员能力成熟度模型（P-CMM）流程。在行业内，RP 曾在不同地域的财富 500 强公司担任各种领导职务，为客户提供卓越交付、项目管理和战略流程改进服务。

RP 拥有 27 项已获批准的专利，并在全球范围内申请了超过 150 项专利。RP 在自动化和人工智能方面有着丰富的演讲经验，包括从创建可持续和可扩展的自动化解决方案到管理组织变革的议题。他曾出席 O'Reilly 人工智能会议等行业活动，并在包括《哈佛商业评论》在内的各种国际期刊和贸易出版物上发表了数十篇论文。2020 年他还获得著名的 IEEE 计算机协会/卡内基梅隆大学软件工程学院瓦茨·S. 汉弗莱软件过程成就奖。

加亚特里·帕莱尔（Gayathri Pallail）是埃森哲的自动化战略和部署副总监。她拥有超过 20 年的经验，曾为多个行业的 500 多家客户实施自动化解决方案，通过无缝采用自动化帮助企业成功实现变革管理。加亚特里专注于改善 IT 应用的生命周期，也是分析、预测模型和工具的创新者，推动有效地实现自动化。她在埃森哲印度交付中心领导自动化、人工智能和流程优化团队的战略和运营，并曾在不同地区担任过交付、项目管理和战略流程改进方面的领导职务。加亚特里向全球专利局申请了 3 项专利，并在国际会议上发表了 5 篇论文。加亚特里拥有印度 NSS 工程学院的工程学士学位，并参加过麻省理工学院斯隆管理学院的技术主管发展项目。

欲了解更多信息，请访问 Accenture.com/AutomationAdvantage。

参考文献

Preface

1. Information Age, "HFS Research: How Are Enterprise and Service Providers Coping with the Covid-19 Paradigm Shift?," April 8, 2020, https://www.information-age.com/hfs-research-how-are-businesses-coping-with-the-covid-19-paradigm-shift-123488895/.

Chapter 1

1. "Il Secolo XIX," Accenture Applied Intelligence Case Study, https://www.accenture.com/us-en/case-studies/digital/secolo-xix-building-better-journalism-ai.

2. Smriti Srivastava, "How Italy's Oldest News Daily Il Secolo XIX Embraced Applied Intelligence for Better Quality of Journalism," *Analytics Insight*, July 15, 2019, https://www.analyticsinsight.net/italys-oldest-news-daily-embraced-applied-intelligence-better-quality-journalism/.

3. David Noble, *Forces of Production: A Social History of Industrial Automation*, New Brunswick, NJ: Transaction, 2011, 66–67.

4. Derek Thompson, "Health Care Just Became the U.S.'s Largest Employer," *Atlantic*, January 9, 2018, https://www.theatlantic.com/business/archive/2018/01/health-care-america-jobs/550079/.

5. Gavin Weightman, "The History of the Bar Code," *Smithsonian*, September 23, 2015, https://www.smithsonianmag.com/innovation/history-bar-code-180956704/.

6. We have Peter Drucker to thank for the term *knowledge worker*, which he coined in 1959, a time when he was studying the workings of sprawling industrial organizations like General Motors. Peter F. Drucker, *Landmarks of Tomorrow*, New York: Harper,

1959. By the end of the twentieth century, it was very clear that Drucker had accurately predicted the trend. See James W. Cortada, *Rise of the Knowledge Worker*, Boston: Butterworth-Heinemann, 1998.

7. Paul R. Daugherty and H. James Wilson, *Human + Machine: Reimagining Work in the Age of AI*, Boston: HBR Press, 2018.

8. Forbes, "2020 Predictions About Automation and the Future of Work from Forrester," October 30, 2019, https://www.forbes.com/sites/gilpress/2019/10/30/2020-predictions-about-automation-and-the-future-of-work-from-forrester/? sh = a1965b71318a.

9. Nike, "New Live-Design Experience Promises Custom Shoes in Less Than 90 Minutes," news release, September 5, 2017, https://news.nike.com/news/nike-makers-studio.

10. There is a rich literature devoted to the concept of Lean manufacturing, beginning with James Womack's classic *The Machine That Changed the World*, New York: Scribner, 1990, which introduced this new approach to operations management to the Western world. For a concise overview, see Pascal Dennis, *Lean Production Simplified: A Plain-Language Guide to the World's Most Powerful Production System*, 3rd edition, Boca Raton, FL: CRC Press, 2015.

11. Federal Bureau of Investigation, "Insurance Fraud," accessed September 27, 2020, https://www.fbi.gov/stats-services/publications/insurance-fraud#: ~: text = The%20total%20cost%20of%20insurance, the%20form%20of%20increased%20premiums.

Chapter 2

1. Ketan Awalegaonkar, Robert Berkey, Greg Douglass, and Athena Reilly, *AI: Built to Scale, from Experimental to Exponential*, Accenture survey report, 2019, https://www.accenture.com/_acnmedia/Thought-Leadership-Assets/PDF-2/Accenture-Built-to-Scale-PDF-Report.pdf.

2. This finding is in line with others' survey findings. An industry analyst firm, for example, recently highlighted the challenge of scaling. When it surveyed some 6,000 business leaders, it found great enthusiasm for robotic process automation. Yet the majority of the respondents' RPA programs were limited to fewer than 10 robots, and fewer than 10 percent reported more than 100 robots up and running. Other studies, too, find many

firms reporting active intelligent automation projects, but digging deeper, find that few of these are large, complex solutions, and only a tiny fraction of firms are implementing automation at scale.

3. See, for example, Joe McKendrick, "Artificial Intelligence Will Relieve Skills Shortages, If We Could Find Enough People to Build It," *Forbes*, May 16, 2018. It reports that 80 percent of business leaders surveyed cite a lack of talent to fill positions.

4. Cade Metz, "The Battle for Top AI Talent Only Gets Tougher from Here," *Wired*, March 23, 2017, https://www. wired. com/2017/03 /intel-just-jumped-fierce-competition-ai-talent/.

5. O'Reilly, AI Adoption in the Enterprise 2021 survey, April 19, 2021, https://www. businesswire. com/news/home/20210419005040/en/As-Company-Culture-Warms-to-AI-Adoption-Lack-of-Skills-and-Difficulty-Hiring-Still-Present-Significant-Barriers-to-Entry-According-to-New-O% E2% 80% 99Reilly-Research.

6. Ellyn Shook and Mark Knickrehm, *Reworking the Revolution*, Accenture, 2018, https://www. accenture. com/_acnmedia/pdf-69/accenture-reworking-the-revolution-jan-2018-pov. pdf.

7. Avanade, *Rethink AI Talent and Culture: The Secret Weapon to Scale AI for the Long Term*, Avanade research report, 2020, https://www. avanade. com/-/media/asset/solutions/ai-talent-and-culture-research-report-. pdf? la=en&ver=1&hash=92AB22098DD650D9 E-1124E2BBBCB8760.

8. CIO Insight, *Benefits and Challenges of Intelligent Automation*, 2017, https:// www. cioinsight. com/it-management/slideshows /benefits-and-challenges-of-intelligent-automation. html.

9. Tadhg Nagle, Thomas C. Redman, and David Sammon, "Only 3 Percent of Companies' Data Meets Basic Quality Standards," *Harvard Business Review*, September 2017.

10. CB Insights, "The Top 100 AI Startups of 2019: Where Are They Now?" December 10, 2019, https://www. cbinsights. com/research/2019-top-100-ai-startups-where-are-they-now/.

11. David Kiron and Michael Schrage, "Strategy for and with AI," *MIT Sloan Management Review*, June 11, 2019, https://sloanreview. mit. edu/article/strategy-for-and-with-ai/.

12. In one survey of financial services industry executives, 43 percent of respondents reported this was true of their organizations. Capgemini Digital Transformation Institute,

"Growth in the Machine: How Financial Services Can Move Intelligent Automation from Cost Play to Growth Strategy," July 11, 2018, https://www.capgemini.com/gb-en/resources/the-growth-in-the-machine.

13. Paul Daugherty, "The Post-Digital Era Is upon Us," Accenture research report, February 7, 2019, https://www.accenture.com/us-en/insights/technology/technology-trends-2019.

14. Economist Intelligence Unit, "The Advance of Automation: Business Hopes, Fears and Realities," briefing paper, 2019, https://automationfirst.economist.com/wp-content/uploads/2019/06/EIU-UiPath-The-advance-of-automation-briefing-paper.pdf.

Chapter 3

1. Gary Hamel and C. K. Prahalad, "Strategic Intent," *Harvard Business Review*, July-August 2005, 63 – 74, https://hbr.org/2005/07/strategic-intent.

2. Accenture Technology Vision 2016, The Primacy of People in the Digital Age.

3. Elizabeth Doupnik, "Moda Operandi CTO: Machine Learning Crucial Asset for Business Growth," *Women's Wear Daily*, May 3, 2018, https://wwd.com/business-news/retail/moda-operandi-cto-q-a-1202662577/.

4. Gergana Mileva, "4 Brands Using Augmented Reality to Drive Immersive Customer Experiences," *AR Post*, August 7, 2019, https://arpost.co/2019/08/07/4-brands-augmented-reality-drive-immersive-customer-experiences/.

5. Carnegie Mellon University, Software Engineering Institute, Watts S. Humphrey Software Process Achievement Award site, https://resources.sei.cmu.edu/news-events/events/watts/watts.cfm.

6. Jeff Dyer, Hal Gregersen, and Clayton M. Christensen, *The Innovator's DNA: Mastering the Five Skills of Disruptive Innovators*, Boston: Harvard Business Review Press, 2011.

Chapter 4

1. Lean process improvement is part of the larger set of methods called Lean manufacturing, which aims to create processes that run as efficiently, require as little slack, and incur as little waste as possible. Six Sigma is a methodology named for the term "six sigma quality" which means that a process is so well controlled that its variance is within process limits ±3s from the center line in a control chart, and its outputs fall within re-

quirements/tolerance limits ±6s from the center line. This emphasis on getting consistently high-quality output from a production process informs the method's steps for studying and adjusting processes.

2. Root cause analysis grew out of a favorite practice by Toyota Industries founder Sakichi Toyoda (1867—1930), by which he used to ask "five whys" to go much deeper than the superficial identification of a problem and arrive at an understanding of its root cause. See Paul F. Wilson, Larry D. Dell, and Gaylord F. Anderson, *Root Cause Analysis: A Tool for Total Quality Management*, New York: ASQC Quality Press, 1993.

3. Penny Crosman, "How BNY Mellon Is Going Further on AI," *American Banker*, October 15, 2019. See also BNY Mellon's own research into robotic process automation and other technologiestransforming financial services operations: *The Future of Payments: A Corporate Perspective*, 2018, https://www.bnymellon.com/content/dam/bnymellon/documents/pdf/articles/the-future-of-payments-a-corporate-perspective-report.pdf.

4. James F. Peltz, "Domino's Will Bring You Pizza by Robot, Drone or Canoe," *Chicago Tribune*, May 16, 2017, https://www.chicagotribune.com/business/ct-dominos-pizza-digital-tech-20170516-story.html.

Chapter 5

1. Maria Manuela Cunha, Bruno Conceicao Cortes, and Goran D. Putnik, *Adaptive Technologies and Business Integration: Social, Managerial and Organizational Dimensions*, Idea Group Reference, 2007, 33 – 58.

2. Victor R. Basili, Gianluigi Caldiera, and H. Dieter Rombach, "The Goal Question Metric Approach," 1994, http://www.cs.umd.edu/~mvz/handouts/gqm.pdf.

3. VeriSM™ is a service management approach from the organizational level, looking at the end-to-end view rather than focusing on a single department. It shows organizations how they can adopt a range of management practices in a flexible way to deliver the right product or service at the right time to their consumers. The notfor-profit International Foundation for Digital Competences owns and governs the VeriSM content and certification scheme. https://verism.global/faqs/.

4. Lafe Low, "CIO Interview with Patty Morrison, CIO and EVP Customer Support Services for Cardinal Health," *CIO Magazine*, February 16, 2018, https://www.cio.com/article/3256048/cio-interview-with-patty-morrison-cio-and-evp-customer-support-services-for-cardinal-health.html.

5. Accelerating Business Value with Intelligent Automation, Kofax Intelligent Automation Benchmark Study, 2019, https://www.kofax.com/-/media/Files/Reports/EN/rp_forbes-insights-accelerate-businessvalue-with-intelligent-automation_en.pdf? la = en&hash = 29D2E8BC56D7BBB4A2D6A81BC522F0FFDAF67BC5.

6. Workplace Competence International, Ltd., *Handbook for New Members of Automation Project Steering Committees*, Hillsburgh, Ontario: WCI, 1986, http://www.roelfwoldring.com/resourcematerials/wcipdfquark/steer_handbook.pdf.

Chapter 6

1. Antoine Gara, "Wall Street Tech Spree: With Kensho Acquisition S&P Global Makes Largest A. I. Deal in History," *Forbes*, March 6, 2018, https://www.forbes.com/sites/antoinegara/2018/03/06/wall-street-tech-spree-with-kensho-acquisition-sp-global-makes-largest-a-i-deal-in-history/#49d5b86567b8.

2. For an excellent introduction to design thinking, see the book by the CEO whose firm (IDEO) pioneered the approach: *Change by Design: How Design Thinking Transforms Organizations and Inspires Innovation*, New York: HarperBusiness, 2009. For an enlightening exploration of how the concept applies specifically to business strategy and business model design, see Roger Martin, *The Design of Business: Why Design Thinking Is the Next Competitive Advantage*, Boston: HBR Press, 2009.

3. Rob Brodell, Jyoti Bhardwaj, Danthanh Tran, Eugene Ghimire, and Susan Price, "Using Empathy Interviews to Develop Customer-Centric Products," Capital One blog, https://www.capitalone.com/tech/software-engineering/using-empathy-interviews-to-develop-customer-centric-products/.

4. Thejournal.com, "Virtual Reality Headsets See Explosive Growth," July 1, 2021, https://thejournal.com/articles/2021/07/01/virtual-reality-headsets-see-explosive-growth.aspx.

5. "Accenture Develops Artificial Intelligence-Powered Solution to Help Improve How Visually Impaired People Live and Work," Accenture news release, July 28, 2017, https://newsroom.accenture.com/news/accenture-develops-artificial-intelligence-powered-solution-to-help-improve-how-visually-impaired-people-live-and-work.htm.

6. Scott Rosenberg, "Inside Salesforce's Quest to Bring Artificial Intelligence to Everyone," *Wired*, August 2, 2017, https://www.wired.com/story/inside-salesforces-quest-to-bring-artificial-intelligence-to-everyone/.

7. "Meet the Chinese Finance Giant That's Secretly an AI Company," *MIT Technology Review*, June 16, 2017, https://www. technologyreview. com/s/608103/ant-financial-chinas-giant-of-mobile-payments-is-rethinking-finance-with-ai/.

8. "Ant Financial—Pioneering China Fintech with Machine Learning," HBS student case study, https://digital. hbs. edu/platform-rctom/submission/ant-financial-pioneering-china-fintech-with-machine-learning/.

9. "Ant Financial to Share Full Suite of AI Capabilities with Asset Management Companies," press release, June 9, 2018, https://www. businesswire. com/news/home/20180619006514/en/Ant-Financial-Share-Full-Suite-AI-Capabilities.

10. Nathan Heller, "Estonia: The Digital Republic," *New Yorker*, December 11, 2017, https://www. newyorker. com/magazine/2017/12/18/estonia-the-digital-republic.

Chapter 7

1. Mark Muro, Robert Maxim, and Jacob Whiton, *Automation and Artificial Intelligence: How Machines Are Affecting People and Places*, Washington, DC: Brookings Institution, 2019, https://www. brookings. edu/research/automation-and-artificial-intelligence-how-machines-affect-people-and-places/. Muro, a senior fellow at Brookings, is quoted in Annie Nova and John W. Schoen, "Automation Threatening 25% of Jobs in the US, Especially the 'Boring and Repetitive' Ones: Brookings Study," CNBC (website), January 25, 2019, https://www. cnbc. com/2019/01/25/these-workers-face-the-highest-risk-of-losing-their-jobs-to-automation. html.

2. *Future of Production on Employment and Skills*, 2018, World Economic Forum.

3. Brent A. Kedzierski, "Moving Beyond Digital Transformation: The Connected Worker at Shell," Intelligent Automation in Oil & Gas Summit, International Quality and Productivity Center, 2020, https://www. aiia. net/events-intelligent-automation-oil-and-gas/downloads/moving-beyond-digital-transformation-the-connected-worker-at-shell-with-brent-kedzierski? -ty-s.

4. World Economic Forum, *The Future of Jobs Report*, 2020, http://www3. weforum. org/docs/WEF_Future_of_Jobs_2020. pdf.

5. Rob Goffee and Gareth Jones, *The Character of a Corporation*, New York: Harper Business, 1998, 9. See also the classic work on organizational culture, Edgar Schein, *Organizational Culture and Leadership*, San Francisco: Jossey-Bass, 1992, 10.

6. NICE press release, "Independent Research Firm Finds 80 Percent of Business Leaders

Consider Robotic Process Automation Important to Improving," November 2019, https://www.bloomberg.com/press-releases/2019-11-25/independent-research-firm-finds-80-percent-of-business-leaders-consider-robotic-process-automation-important-to-improving.

7. Aaron Hand, "Shell Gives Its Remote Workers a Heads Up," *Automation World*, April 4, 2019, https://www.automationworld.com/products/software/blog/13319722/shell-gives-its-remote-workers-a-heads-up.

8. BNY Mellon, "BNY Mellon's Automation Efforts Draw Industry Accolades," press release, October 5, 2017, https://www.bnymellon.com/us/en/about-us/newsroom/press-release/bny-mellons-automation-efforts-draw-industry-accolades.html.

9. Dominic Delmolino and Mimi Whitehouse, "Responsible AI: A Framework for Building Trust in Your AI Solutions," Accenture Insights, 2018, https://www.accenture.com/_acnmedia/PDF-92/Accenture-AFS-Responsible-AI.pdf#zoom=50.

10. Soh Chin Ong, "Deep Water Safety Training Goes Virtual," Shell, https://www.shell.com/inside-energy/deep-water-safety-training-goes-virtual.html.

11. Edgar H. Schein, *Organizational Culture and Leadership*, 4th edition, Jossey-Bass, 2010, 305.

12. Avanade survey report, *What's Holding You Back?*, 2017, https://www.avanade.com/en-us/thinking/research-and-insights/~/media/asset/research/intelligent-automation-global-study.pdf.

13. Shook and Knickrehm, *Reworking the Revolution*, https://www.accenture.com/_acnmedia/PDF-69/Accenture-Reworking-the-Revolution-Jan-2018-POV.pdf.

14. Daugherty and Wilson, *Human + Machine: Reimagining Work in the Age of AI*, 166.

15. Sharon Gaudin, "At Stitch Fix, Data Scientists and A.I. Become Personal Stylists," Insider Pro, May 6, 2016, https://www.idginsiderpro.com/article/3067264/at-stitch-fix-data-scientists-and-ai-become-personal-stylists.html.

Chapter 8

1. John Kotter, "Why Do Change Efforts Lose Momentum?," *Forbes*, July 26, 2011, https://www.forbes.com/sites/johnkotter/2011/07/26/why-do-change-efforts-lose-momentum/#318b97b3396b.

2. Chip Heath and Dan Heath, *Switch: How to Change Things When Change Is Hard*, New York: Crown Business, 2010, 250, 251.

3. Marlene Jia, "Developing Hyperpersonalized Recommendation Systems (Interview with Jack Chua of Expedia)," Applied AI (podcast), https://appliedaibook. com/developing-hyperpersonalized-recommendation-systems-jack-chua-expedia/.

4. John Kotter, "Leading Change: Why Transformation Efforts Fail," *Harvard Business Review*, May/June 1995, https://hbr. org/1995/05/leading-change-why-transformation-efforts-fail-2.

5. Mariya Yao, Marlene Jia, and Adelyn Zhou, *Applied Artificial Intelligence: A Handbook for Business Leaders*, New York: Topbots, 2018, 55.

6. Kumar Chittipeddi, "Amazon's Empire Rests on Its Low-Key Approach to AI," CEO Advisory Services blog, April 12, 2019, https://www. ceoadvisoryservices. com/ceo-reads/2019/4/12/amazons-empire-rests-on-its-low-key-approach-to-ai.

Chapter 9

1. Ron Schmelzer, "The Fashion Industry Is Getting More Intelligent with AI," Cognitive World (blog), *Forbes*, July 16, 2019, https://www. forbes. com/sites/cognitiveworld/2019/07/16/the-fashion-industry-is-getting-more-intelligent-with-ai/.

2. Geoffrey G. Parker, Marshall W. Van Alstyne, and Sangeet Paul Choudary, *Platform Revolution: How Networked Markets Are Transforming the Economy and How to Make Them Work for You*, New York: W. W. Norton, 2016.

3. For a classic explanation of this phenomenon geared toward the general reader, see W. Brian Arthur, "Increasing Returns and the New World of Business," *Harvard Business Review*, 1996.

4. The notion that robust feedback systems can allow an entity to not only survive stress but actually strengthen and grow from being shocked by unforeseen and challenging stimuli is the thesis of a fascinating book: Nassim Nicholas Taleb, *Antifragile: Things That Gain from Disorder*, New York: Random House, 2014.

5. TechRepublic, "Forrester: Automation Could Lead to Another Jobless Recovery," May 8, 2020, https://www. techrepublic. com/article/forrester-automation-could-lead-to-another-jobless-recovery/.

6. Yavar Bathaee, "The Artificial Intelligence Black Box and the Failure of Intent and Causation," *Harvard Journal of Law & Technology*, 31, no. 2 (Spring 2018), https://jolt. law. harvard. edu/assets/articlePDFs/v31/The-Artificial-Intelligence-Black-Box-and-the-Failure-of-Intent-and-Causation-Yavar-Bathaee. pdf.

7. Sarah Perez，"Microsoft Silences Its New A. I. Bot Tay, After Twitter Users Teach It Racism,"*TechCrunch*, March 24, 2016, https://techcrunch. com/2016/03/24/microsoft-silences-its-new-a-i-bot-tay-after-twitter-users-teach-it-racism/.

8. Vivienne Ming, "Human Insight Remains Essential to Beat the Bias of Algorithms," *Financial Times*, December 3, 2019, https://www. ft. com/content/59520726-d0c5-11e9-b018-ca4456540ea6.

9. Ray Dalio, *Principles: Life and Work*, New York: Simon and Schuster, 2017, 100 – 101.

10. Ron Schmelzer, "Understanding Explainable AI," *Forbes*, July 23, 2019, https://www. forbes. com/sites/cognitiveworld/2019/07/23/understanding-explainable-ai/#278ac06b7c9e.

11. Filippo Santoni de Sio and Jeroen van den Hoven, "Meaningful Human Control over Autonomous Systems: A Philosophical Account," *Frontiers in Robotics and AI*, February 28, 2018, https://www. frontiersin. org/articles/10. 3389/frobt. 2018. 00015/full.

12. G. AlRegib, M. Prabhushankar, G. Kwon, and D. Temel. "System and Method for Detecting and Protecting Against Deceptive Inputs for AI Systems and Measuring Vulnerabilities of Existing AI Systems," *U. S. Provisional Patent*, No. 62/899, 783, September 2019, http://cantemel. com/patents/.